U0574113

教育的视界

——在比较中西、会通古今中
发展中国教育学

梁启超 1901 年指出：中国自 19 世纪开始即进入"世界之中国"阶段。这意味着中国与世界相互交织，化为一体。

王国维 1923 年进一步说道："余谓中西二学，盛则俱盛，衰则俱衰。风气既开，互相推助。且居今日之世，讲今日之学，未有西学不兴而中学能兴者，亦未有中学不兴而西学能兴者。"这意味着中西二学相互交融，盛衰一体、兴废一体。

困扰中国社会发展的"古今""中西"问题始终相互影响。倘若不能处理好"中西"问题，忽视"西学"或"西体"，则必然走向"中国文化本位论"，进而将不能处理好"古今"问题，中国实现现代化与民主化断无可能。倘不能处理好"古今"问题，忽视中国文化传统或"中学""中体"，则必然走向"全盘西化论"，并因此不能处理好"中西"问题，中国文化将深陷危机，中国现代化与民主化会成为无源之水、无本之木。

因此，中国教育理论或教育科学的繁荣必须坚持"比较中西、会通古今"的方法论原则。这至少包括如下内涵。

第一，国际视野。我们要取兼容并包的态度，敞开心扉，迎接世界一切先进教育理论进入中国。我们要对这些教育理论进行翻译、研究、吸收并使之"中国化"，像当年吸收佛教文献那样。我们要形成教育研究的国际视野：这包括价值论上的"世界主义"胸怀和多元主义价值观；知识论上的多重视角观，学会以人观人、以人观我、以我观人、以我观我，在视角融合和复杂对话中发现教育真理；方法论上的深度比较法，防止简单翻译、机械比附或牵强附会，要上升到文化背景、历史发展和价值取向层面去理解教育问题。

第二，文化传统。我们要珍视已持续两千余年的、以儒释道为核心的中国智慧传统，它不仅构成了中国文化，而且是世界文明不可或缺的组成部分。我们要将中国智慧传统植根于中国社会和历史情境，真诚对待并深刻理解，防止"厚今薄古"或"以今非古"的肤浅之论。我们要基于中国与世界的现实需求和未来趋势，对中国智慧传统进行"转化性创造"，使之脱颖而出、焕发生机。我们要基于中国智慧传统理解教育实践、建构教育理论，须知，"中国教育学"唯有基于中国智慧传统方能建成。我们要充分继承五四运动以来中国教育启蒙和教育民主化的宝贵传统，须知，"中国教育学"以实现东方教育民主为根本使命。

第三，实践精神。我们要始终关切实践发展、参与实践变革、解决实践问题、承担实践责任。须知，教育实践是教育科学的源泉。我们要把发展实践智慧作为教师解放和教师专业发展的核心，让教师成为"反映的实践者"。我们要成为每一个学生的真诚倾听者，通过倾听学生而悦纳、理解和帮助学生，最终实现每一个学生的个性自由与解放。

国际视野、文化传统与实践精神的三位一体，即构成"中国教育学精神"。践履这种精神是中国教育学者的使命。

是为序。

张华

于沪上三乐楼

/目 录/

/ 序言 /

在这本书中，我提出了有关教育研究的问题，而这些问题通常在新手研究人员引入该领域的方式中被遗忘了。尽管我不寻求替代"正统"的介绍，但我希望本书可以帮助初学者拓宽研究视野，以便他们可以以更深思熟虑的方式进行研究。正如我在本书中所论述的那样，这也意味着他们需要在其他条件下节制研究的冲动。书中提出的想法源于我自己的研究经验以及与学生和教育研究人员的对话，也包括一些有关研究方法、研究进路和研究设计的课程。我特别感谢这些年来我教过的学生，因为他们极大地帮助了我完善、精炼本书中提出的这些论点。我要感谢布鲁姆斯伯里出版社的马克·理查德森（Mark Richardson）对本书的信心和耐心。我还要感谢审阅本书提案的匿名评审者和他们对完整的书稿所给予的鼓励和有益的反馈。

爱丁堡，2019 年 3 月

/ 前言：教育研究中的一些"正统"/

1 许多从事教育学研究的学生在其学习过程的某个阶段会遇到有关"研究是什么""好的研究是什么"以及"正确的研究方法"的问题。例如，有人告诉我们，学界有不同的**研究范式**（research para-digms），我们必须选择一种并按照相应的范式开展研究。也有人说，定量方法和定性方法之间存在根本的区别，要么选择定量要么选择定性，要么像近来流行的那样采用定量与定性相结合的方法。又有人说，我们必须阐明每个研究所依据的认识论（epistemologi-cal）和本体论（ontological）假设。还有人说，我们需要为研究选择一种理论框架，通常是心理学、社会学或哲学等学科。他们还说教育研究本身不仅应该是好的研究，而且最终还应该有助于提升教育实践。

多年来，已经出版了许多旨在帮助学生开展研究设计和研究工作的书籍，而且仍然有越来越多的网站和基于互联网的资源。这些书籍和资源中有许多都侧重于研究的可行性，例如如何提出好的研究问题，如何收集数据以及如何分析它们，得出有效的结论，处理研究伦理以及发表研究成果。此外，还有一些书籍和资源，数量相对少一点，专门讲教育研究的基本问题和假设，尤其是有关知识的本质（认识论）和社会实在（本体论）以及指导研究的**规范**（norms）和**价值观**（values）的哲学问题（伦理学）。

这些图书资料令人咋舌之处在于，它们说来说去，主题、问题和观点就那么几个，强烈趋同，共同构成了定义教育研究的一种常识（common sense）。它们不仅是讨论教育研究的日常词汇（人们谈论研究设计和工作的语言）的一部分，而且明里暗里为希望从事教育研究的人树立了某种标杆。而达到相应的要求甚至被视为新手研究人员必经的仪式，他们必须跟着标杆亦步亦趋地走过场，才能成为教育研究界被认可的一员。就此而言，这些常识实际上构成了教育研究的"正统"，因为它们描绘了教育研究是"关于什么""为了什么"和"什么算作好研究"的正确（orthos）理解（doxa）。

尽管许多研究方法方面的书籍、资源和课程都在试图提供帮助，但学生们仍然无从入手。例如，某些"正统"要求阐明本研究的认识论和本体论假设，但这些问题在哲学领域已经讨论了数百年尚无结论并将继续讨论下去。在特定的研究范式中定位研究的要求，通常会导致自白式的陈述（confessional statement）——"我是定性研究人员""我是社会实在主义者""我是后结构女性主义者"——而不是充分讨论选择相应定位的意义，还有没有别的选择。同样，之所以要选择理论框架，是因为它们"相关"或许"更糟"；因为它们是最新的时尚，而不是研究者为实现研究目标需要多少理论和哪种理论。虽然很长一段时间以来，研究要么是定量的，要么是定性的，两个阵营之间的辩论也十分激烈，但现在似乎所有的研究都不得不使用混合方法，而往往又没有真正涉及为什么必须使用混合方法的问题。同样，几乎所有的教育研究都试图为改善实践作出贡献（我个人认为是正确的），却常常缺乏对改善教育实践的意义以及研究如何促进而不是阻碍相应改善的反思。

当然，没有理由将这种现状归咎于学生，因为在大多数情况下，他们只是刚开始接触这些正统观念。他们还知道，将来评判他们的研究的依据就是多大程度上达到了这些正统观念中所蕴含的要求。如果有人（或者物）要受到指责，值得考虑的可能是我们为学生提供的教育研究理论与实践的入门文献和课程。我无意贬低相应文献，它们的用意很好，找到正确的研究方法当然很重要，但是，很多时候，这些文献对教育研究的方式、内容和目的等问题涉及较少，甚至只字不提。本书汇集的篇章恰好旨在关注什么是教育研究、它可能用于什么，它可以实现什么以及研究人员应注意它的局限在哪里等一些边缘性甚至被忽略的问题。

本书不能替代教育研究的相关**概论**，更不能替代教育研究**方法方面的概论**。本书旨在提出问题并探索在该领域更传统的介绍中通常不存在的问题。因此，我们应将其与此类介绍**一起**阅读，而不是**代替**它们。这本书的目的不是要抹杀这些介绍，而只是想提供一个观点，以便有可能对教育研究的正统观念进行更加深思熟虑，甚至更具批判性地引介。这本书首先是针对学生的，也就是那些进入教育研究领域的学生。除此之外，这本书还旨在为更广泛的教育研究界提出以下问题：研究是什么，我们如何通过研究最好地表达自己的抱负以及如何专注于教育研究的特殊性质，以便研究可以在改善教育实践方面达到它所期望的。

在第一章中，我讨论了理论在研究中所扮演的不同角色，提出了一个更广泛地讨论理论框架或研究范式的理由，即研究在解释、理解、解放这些愿景的不同组合方面所寻求实现的目标。我还涉及有关研究的最根本问题：为什么要参与研究？第二章重点讨论改善教育的问题，我认为这是所有教育研究的重要目标。与认为改善是指提高教育行动的有效性的趋势不同，我认为任何对改善的主张都必须从讨论教育本身的**目标**（aim）和**目的**（purpose）开始。我还认为改善是有经济和教育方面的"代价"的，因此，研究也需要考虑到这一点。在第三章中，我将讨论范围扩展到最近通过生成有关"什么有效"（what works）的知识来为教育实践提供证据。我对这一抱负所表达的知识观、对教育实践动态的理解方式以及关于研究与实践之间联系的假设提出了质疑，强调了使教育研究对教育实践有不同的意义。

4

在第四章中，我放大了一个问题，即什么是实践，为什么以及如何从实践而非理论的"框架"（framing）中受益。将教育理解为实践，作为实践凸显了在教育领域中我们始终处理行动与后果之间的**可能**关系，而不是它们之间的确定性。这意味着教育实践需要对如何做事和将要做的事情进行判断。这样的判断不仅是教师和其他教育实践者的"工作"，而且还具有公共性维度，从而开始揭示教育、研究与民主之间的关系。如果第四章从某种形式上更正式地看待诸如教育之类的实践，那么第五章将更明确地关注使实践具有**教育性**的因素。在教育作为一门学科或研究领域的发展背景中探讨了这个问题，比较了该领域在英语国家和德语国家中的发展情况。了解教育研究的这些不同的"构造"（configurations）至少是很重要的，以便看到教育和教育研究在英语世界中的构想方式并不是教育及其研究存在的唯一方式。

寻求有助于改善教育实践所需要的教育研究，在某种程度上就找到了与教育实践者的联系，因为他们是教育实践和教育践行的中心。在第六章中，我将通过探索教育研究提升或限制教育专业人员判断和行动的可能性的方式来讨论这个问题。对这些动态的认识，尤其是对研究在多大程度上成为"解决方案"的一部分或"问题"的一部分，对于任何旨在为改善教育水平作出贡献的研究都至关重要。在第七章中，我将这些考虑因素带入了知识的话题中，特别是为了探索什么样的知识观才能与教育的彻底实践性相契合，这样一种

"恰当的"（fitting）理解知识的方式对于研究所能提出的主张意味着什么。在第八章中，我将讨论有关学术出版的问题，强调出版实际上不仅是与世界分享研究成果的方式，而且已成为一项复杂的全球业务，也干扰了研究本身和研究对整个教育界产生影响的方式。在本书的最后，我作了简短的结尾：实际上在教育中需要多少研究以及有时少做研究可能比多做更好。

如前所述，本书的各章并不构成什么是教育研究或应该如何进行的系统概述。相反，他们的本意是问更多的问题，打开不同的视角，或许提供一种当人们仅仅通过呈现正统来从事教育研究时可能不会立即出现的定向。各章有一定的顺序，但也可以分开阅读，最好与其他文献一起阅读，以便对教育研究、其雄心和局限性产生疑问并获得一个视角。在每一章的结尾都有五个问题可能对此有所帮助。

最后，我并不是说我已经提供了关于研究的最后一句话，也不是第一句话，因为我确实认为从正统学说开始是有意义的。我也不想结束讨论，而是想继续讨论。在这方面，这本书中提出的思想最好可以理解为德语中所说的"启发"（Denkanstosse）：思考的邀请，甚至是思考的激发。我的主要宏愿是使教育研究的行为少一些传统主义，而使研究人员的工作多一些像约翰·杜威所说的"明智"。

/ 第一章　理论、时尚和实用主义的需要/

在研究过程中的某个节点会出现理论问题。有时这发生得较早，在研究人员寻找有意义的"框架"（frames）时就会出现；有时，这是"中途"发生的，这是因为研究人员面临着如何"理解"所收集数据的挑战。有时，问题也会出现在研究的末尾，即"所有事情的含义实际上是什么"这类问题都被发现、建构完善时。因此，理论是研究中必不可少的部分。但是，研究者很容易迷失在许多的可用理论和哲学中。本章通过实用主义（pragmatism）的论证方法，更确切地说是实用主义的论点来解决这个问题。实用主义意味着无论任何探寻答案的过程，都应始于提出一个问题，尤其是"问题是什么"？这种实用主义的方式可以帮助（研究者）控制研究过程，而不是让其受理论指导，尤其是不受最新的理论"时尚"（fashion）指导。实用主义也有助于远离"自白式"（confessional）的理论参与，研究者感到被迫向特定的理论或理论立场坦诚自己，而不是首先考虑理论在研究中和为研究应该做些什么。

导论：迷失在他者的理论中

我最近有幸成为五位教育学博士学位的外部评审专家。这些博士论文用不同的语言完成，且表现出完全不同的学术文化和传统。邀请我担任外部评审专家的原因很可能与以下事实有关：每个博士都广泛使用理论，包括我在自己的作品中涉及的一些理论。让我感到震惊的是，所有这些博士都在为类似的问题而苦恼，即如何处理理论。在某些情况下，就像我在其中一份报告中所说的那样，看来作者似乎迷失在其他人的理论中了。

在研究中给理论一个恰当的位置不仅是博士项目中的一个常见问题，而且也是更有经验的研究人员工作中的一个问题。通常存在两种倾向，要么是明显的**理论化不足**，要么像我所评审的一些博士论文一样，被明显地**过度理论化**（参见 Biesta，Allan & Edwards，2011）。那么问题来了，如何在教育和社会研究中的理论研究找到正确的平衡点。这在这个时代是一个特殊的挑战，因为理论似乎从哲学、社会学、心理学、人类学、社会理论、政治理论、文化研究、女权主义、后殖民主义、土著研究等不同学科领域大量涌现出来，无论是在"对象理论"（object theory）（我们在研究中使用的理论）层面，还是在"元理论"（meta-theory）（即关于研究的理论）层面。

这里的问题不仅是关于一个人应该选用哪种理论来指导自己的

研究，而且还涉及人们期望理论在研究中会"做什么"。也许还有一个更大的问题，那就是人们为什么要从事研究。在这一章中，我想对实用主义在教育和社会研究中的理论运用做一个明确的说明。这**并不**意味着我把实用主义作为一种理论或哲学立场来表达我的偏好——信仰实用主义实际上是一个人能做的最不务实的事情（参见Biesta，2009a）。但是，我建议研究中有关理论的问题应该始终以实用主义的方式来处理，也就是说，在"问题是什么"这一问题上，可以更准确地说："哪个理论应该提供答案呢？"

关于时尚、自白与"误导的时尚"（con-fashions）①

我在这一章中提倡的实用主义方法可以与我们称为理论作用的自白方法有所区别，后者的第一步是"注册"（sign up）某一特定理论或理论"学派"才能开始进行研究。这种立场往往采取一种自白的形式，例如"我是一个定性研究者"或"我是一个后结构女权主义者"等陈述。诚然，一个人永远不能从零开始，在这方面，和盘托出可能有某种意义，但这不意味着一个人应该以自白的方式来做这件事，

9

---

① "con-fashions"在这里是一种双关语用法。在本章中，比斯塔批评了研究中的自白方式，即只说我是这样或那样的研究者，而没有提供理由。比斯塔还警告说，不要总是选择一种时髦的理论，而不顾及该理论产生的语境及其演变。鉴于此，他创造了"con-fashions"这个词，在英语中听起来很像"自白"（confession）这一单词的发音。单词"con"在英语中具有"误导"的意思。"con-fashions"一词可以理解为"误导的时尚"或"时尚具有误导性"。因此，"con-fashions"在本书中翻译为"误导的时尚"。——译者注

也就是说，**持有**一种字面上的立场。

不采取自白法的重要原因之一是：理论和哲学并不是一个人可以"占据"（occupy）的位置，而是它们允许我们做某些事情。虽然"工具"这个比喻已经有点过时了，但把理论和哲学看作我们工作的工具，而不是我们所采取的立场，仍然是有用的。这样看来，"自白式"地坦承自己的理论存在什么问题就显而易见了。毕竟，第一个判断从来不是关于应该使用哪种工具，而是关于需要解决什么问题，只有这样，我们才能开始问，哪种工具可能对解决这些问题有用。与木工相比，虽然在某些工作中锤子是非常合适的工具，但在其他任务中却完全没有用，这说明自认是一个**锤木工**会严重制约一个人成为**好木匠**的能力。

自白方法的另一个问题是，如果一个人认为理论和哲学是一种可以自白的东西，那么他会立即将理论和哲学对象化（objectifies），并忘记周围的许多甚至可能所有的理论和哲学随着时间的推移变成了可识别的"位置"（positions），实际上它们的产生是为了解决非常特殊的问题。把理论和哲学与它们产生并使之有意义的背景分离开来，就有可能把它们变成一种"东西"，而不是把它们看作具体过程的具体结果。虽然理论和哲学的对象化可以是绘制特定领域或理解特定讨论中不同"行动"的有效办法，但它最终会使"结果"（product）与"过程"（process）脱节，从而阻碍理论和哲学的合理运用。

因此，实用主义的主张总是伴随着这样的建议，任何理论或哲学立场都应该重新与它产生的特定背景相联系，更重要的是，与那些从事理论或哲学研究的人试图解决的特定问题相联系。用更简单的语言来说，研究者有义务了解所遇到的工具的历史或起源，以便能够明智地使用它们。①

例如，我们可以看到，现在人们经常将身体和心灵的分裂妖魔化，比如在笛卡尔（Descartes）的作品中并没有采取一个特定的立场或阐明一个关于心灵和身体的特定理论的问题。相反，这个想法是在一个更加复杂与紧迫的讨论的背景下出现的，即关于人类的自由和人类的责任问题的讨论中，在这种情况下，现代科学正在把宇宙描绘成机械的并按照因果关系的确定性规律运行。虽然有人可能不同意笛卡尔为维护人类自由和人类责任而寻求的特殊解决方案，但至少可以理解为什么身心分裂为这些问题提供了一种可能的、非常有意义的回应。

尽管批评康德的"理性自主"（rational autonomy）的思想太理性、太自主、太自足、太脱节甚至可能太男性化，已经成为一种时尚，但他试图阐明一个人在欧洲君主制走到尽头时所需要的素质，以及质询在新发展的民主社会背景下公民的含义是什么。这样的公民不必听命于君主，而是能够自己拿主意。此外，虽然维果茨基（Vygotskij）的工作在许多方面广受欢迎，但我们不应将他的努力视为试图发展和捍卫一种"社会文化立场"（sociocultural position），而是试

---

① 理查德·罗蒂（Richard Rorty）于 1979 年出版的《哲学与自然之镜》（*Philosophy and the Mirror of Nature*）一书，对我来说，是对现代哲学和现代思想史进行更广泛的实用主义解读的最好例子。同样的"味道"（flavour）可以在约翰·杜威（John Dewey）的一些关键文本中找到，比如他的《哲学的改造》（*Reconstruction in Philosophy*）（1920）和《确定性的寻求》（*The Quest for Certainty*）（1929）。

图回答社会互动在发展更高级的心理机能中所扮演的角色的问题。

从实用主义的角度看待理论，这就需要问一个问题，一个特定的理论或哲学是**为什么**而发展的，这意味着要追溯它产生的背景，并把它与那些致力于发展特定理论或哲学的人所寻求解决的特定问题重新联系起来。在理论家们自己也忘记当初是什么激励了他们的工作的情况下，这一点更重要。这一趋势最近的例证可以在通常被¹¹称为"行动者—网络理论"（actor-network theory，ANT）中找到：这个"理论"起源于试图提供一种非社会学意义上（non-sociological）的权力不对称和科学技术影响的理解，以克服社会学的分析总是不得不以声称科学技术的实践更胜一筹而告终的问题（见 Latour，1987）。然而，随着时间的推移，以及通过部分采纳其他人在这种背景下发展出来的见解，"行动者—网络理论"失去了它与其起源背景的联系，在某种意义上成为试图取代的社会学理论（例如，见 Law & Hassard，1999；Latour，2005）。

非实用主义的问题

因此，在研究中采取或使用非实用主义的理论和哲学存在一些问题。其中之一便是如果某种特定的理论或哲学与它的起源背景脱节，我们最终会给它一个它从未寻求过的地位。这样做有可能使我们处于这样一种境地：我们**把理论当作真理**（theory as truth），而不是把理论当作具体问题的具体答案（as a specific answer to a specific question)，顺便说一句，这是一种比理论作为"透镜"（lens）或"视角"（perspective）的想法更精确、更具体的方法。它实际上是关于重新连接作为答案的理论与这个理论原本要回答的问题的答案。

以非实用主义的方式使用理论的风险——理论作为一种你坦承的立场——也是因为它使我们容易受到理论时尚的影响，而无法为我们所使用的特定理论或哲学提供原理和正当理由。在这方面，值得注意的是，在过去的二十多年里，许多教育研究项目，尤其是博士学位论文，选择了"社会文化视角"（sociocultural perspective），而最近，每个人似乎都在采取"情感"（affective）方法，或者"后人类"（post-human）或"新唯物主义者"（new-materialist）方法，通常对"旧"唯物主义的复杂性或"人文主义"（humanism）标题下的所有重要原因和微妙的辩论一无所知。

以非实用主义的方式运用理论，不仅使人们更难为自己的选择辩护，同时也将我们推向了一种自白的方向。在这里，还必须记住，博士生往往被更多经验丰富的研究人员推向甚至被迫转向这种理论自白的方向。这些经验丰富的研究人员把自己定位在一个特定的位置，而不是通过他们的实际操作。这一现象可以在"研究范式"（research paradigm）的语境中找到。因此，对理论的非实用主义立场会导致这样一种局面：理论控制着我们，而不是我们来决定使用一种或多种理论。这再一次表明，非实用主义方法如何阻止我们以

12

明智的方式参与我们研究中的理论和哲学结合。①

理论，就是这个想法

　　虽然"理论"这个词很容易使用，而且到目前为止，我自己也用一种相当宽泛的方式使用这个词，但要确定它所指的东西并不容易，特别是因为这个词的意思随着时间的推移而发生了显著的变化。如果回溯这个词的希腊起源，这个词总是会引出更进一步的问题。希腊语的词源理论（θεωρια）与旁观者有关：作为一场演出或节日也包括宗教节日的观众；作为节日的官方使者；为了研究某些东西而咨询先知或旅行。在这里我们可以看到，理论的意义被牢牢地定位在经验主义的范畴内，因为它是关于直接经验和见证的。然而，由于柏拉图和亚里士多德，理论与**非**经验的领域，即柏拉图的形式和亚里士多德的普遍性相联系。因此，理论被理解为在变化、不断变动和表象的经验世界"背后"一种永恒不变的实在的知识。

　　随着现代科学世界观的兴起，经验知识与理论知识的区别进一步突出，其中理论的主要作用变成**解释**经验现象之间的因果关系。对理论的需求与这样一种观点有关，即虽然现象之间的关联可以被感知，但潜在的因果关系是看不见的。因此，需要理论来解释或推

---

　　① 这里使用的"明智"（intelligence）的概念来自约翰·杜威关于将"试错"行动转化为明智行动（例如，见 Dewey，1938；Biesta & Burbules，2003）。

测潜在的过程和机制。在这里，理论转变成了加斯东·巴什拉（Gaston Bachelard）（1986，p. 38）所说的"隐藏的科学"（a science of the hidden）。

随着 19 世纪末解释学和解释主义的兴起，理论也成了**理解**的工具。也就是说，帮助人们理解人们说什么和做什么的**原因**。理论在这里的作用是深化和扩大日常的解释和经验。**批判**理论是法兰克福学派的哲学家们在追溯马克思的传统中发展起来的，该理论的主要兴趣在于揭示隐藏的权力结构如何影响和扭曲这种经验和解释。它追求的目标在于揭露权力的运作可以促进**解放**（见 Carr & Kemmis，1986；Biesta，2010a）。

从作为经验的理论到作为**非**经验的理论的转变暗含了理论在当代研究中所起的关键作用之一，即它在分析和解释经验数据方面的功能。尽管理论在使数据"可理解"方面起着至关重要的作用，但我们必须清楚理论不仅出现在研究的最后阶段——当所有的数据都已收集完毕——而且在研究的初始阶段也起着重要作用。在这里，理论对于我们想要研究的**现象的概念化**是至关重要的。例如，当研究人员希望研究"学习"时，只有在研究了如何将学习概念化的问题之后，例如，学习作为信息处理、行为改变、习得、参与、社会实践等，他们才可以决定应该关注哪些现象，以及如何去做（这是研究设计、研究方法论和数据收集方法方面的问题）。

一些研究者，更多的是那些从事解释性研究的人，拒绝理论在研究的最初阶段扮演这样一个重要角色的想法，他们认为这会使研究结果有偏见，让研究人员无法看到超出理论"框架"的方面。当然，在研究中保持开放是很重要的，但这一特殊的反对意见并没有考虑到世界从来就没有出现过未被概念化和未被理论化的情况，这意味着**不**进行概念化会冒不加批判地接受研究中现象的现有定义和概念的风险。不应忘记，例如将学习概念化为参与，决不会改变或预先决定对学习这种参与过程的实证调查将发现什么，这意味着，以一种更积极的方式说明，理论在研究的最初阶段所起的作用永远不能**取代**实证研究。 *14*

教育研究与社会研究的理论：范式抑或目的？

如果到目前为止的讨论都集中在理论在研究中的作用，那么我现在想转移到理论在研究中的作用的另一方面，以及实用主义观点的不同维度。这与特定研究方法的更广泛的合理解释有关，有时被称为研究哲学问题，但更常见的是(特别是在英语国家)，这是**研究范式**的问题。① 研究范式的语言通常表明，有许多根本不同的研究

① 从范式角度描述教育和社会研究的一个重要来源是古巴和林肯在《定性研究手册》(*Handbook of Qualitative Research*)(Guba & Lincoln，1994)第一版中的章节。尽管古巴和林肯对研究范式的描述要比定量、定性和批判性范式之间的区别更为复杂，但关于研究范式的讨论往往不仅仅是从这些范畴出发，甚至只是从定量与定性的角度进行。最近关于教育和社会研究中混合方法的研究也加强了这种认识，这些研究通常描述了定量和定性研究的各种组合的不同混合方式(例如，参见 Tashakkori & Teddlie，2010；以及 Biesta，2010b 评论)。

方法，通常被标记为"定量"和"定性"，在某些情况下，批判性研究方法被确定为第三种研究范式。在"定量"和"定性"方面确定不同研究方法的一个主要问题是，"定量"和"定性"的标签只适用于一个人所使用的**数据**类型——数量或质量，也就是说，无论是数字、单词和概念——但不适用于对这些数据的**处理方式**（另见 Biesta，2010b）。

在这里，人们需要转向不同的概念，例如，区分"量化"的研究和实际上难以用英语表达的"质化"的研究。然而，即使是这样的术语也仅仅是指研究与数据"作用"的方式，并没有提供任何关于研究实际目的的见解。然而，后一个问题——研究的特定**目的**（或多重目的）问题——有助于看到不同研究方法之间的显著差异。正是这样一种描述，即研究所追求的目标，我希望以此作为理解研究方法间差异的一种实用主义观点。之所以称为实用主义，是因为它允许选择一种特定的方法——特定的数据、特定的设计、特定的方法论——对研究目的进行深思熟虑的判断。这与自白的方式相反，后者的情况是一个人会将自己定位在一个特定的范式中，而不首先询问自己想要定位在那里的原因和目的。我们如何理解研究的不同目的呢？确定一个选项意味着什么？从某种意义上说，它是否**与其他选项的选择相对**？

正如我先前指出的，就研究要达成的目的而言，我们可以区分三种截然不同的目的：**说明、理解**和**解放**。研究的任务在于说明的观点源于自然科学，在自然科学中，说明通常被理解为因果关系，即识别原因和结果的联系，以及对因果关系的"强烈"说明，即因果关系之间的必要联系；一种我们可以找到的思考方式。例如，在自然法则的观念中，说明性研究背后的目标是，一旦我们能够确定因果之间的必要联系，也就是说，一旦我们能够产生完美的**说明**，原则上，我们就能够根据当前正在发生的事情来**预测**未来的事件，而且，在原因可以操纵的范围内，我们也能**控制**未来的事件。

说明的概念(也许我们可以补充一下，说明的意图)基于对实在的特定假设，即实在本身是由事件之间的因果关系"构成"的。这种本体论是在通常被称为"科学革命"之后出现的，机械世界观的兴起，将实在看作一个完美的钟表装置。虽然可以依据完美的因果关系来**模拟**物理实在中的一些事件，但这并不是一个可以适用于整个物理实在的假设。例如，在亚原子水平上，如此强烈的因果关系并不是一个合理的假设，而且许多生物过程并不是以这样一种机械的因果方式运行的。又如，在复杂性理论中已经被理论化了的一些事情。

教育和社会研究的一个更重要的问题是，是否可以用同样的方式来处理教育等人类现象，也就是说，在人类行为领域，我们是否能找到因果之间的紧密联系。这个问题可以追溯到一个更广泛和更古老的讨论，这个讨论通常是关于人类行为是被**引起**还是被**激发**的问题，人类最终是作为刺激—反应的机器，还是受他们的行动动机

16

第一章　理论、时尚和实用主义的需要｜019

驱动，根据他们对情况的解释来行动。后者的观点，我们可以在威廉·狄尔泰（Wilhelm Dilthey）[①]的著作中找到，他认为在人类行动领域中，我们不应该使用**原因**（causes）的语言，而应该使用与"**理由**"（reasons）相关的语言来表述。

这表明，不仅需要一种不同的研究方法来认真对待这一现实，而且首先需要有不同的研究**目的**。这不是为了说明潜在的因果关系，而是试图理解支配人类行为的理由。如果说在说明的支持下，理论的作用是能够说明发生在因果链中的特定事件，那么理论在旨在理解人类行为的研究中的作用是使人们明白为什么按这样的行为行事，这首先是通过重建人们的视角和解释来实现的。[②]

有些人认为说明和理解之间的差异基本上存在于**本体论**层面，也就是在我们对所研究的实在的本质所持有的假设上。在这种情况下，无论是说明性研究还是解释性研究，都是基于人们对社会实在的本质的选择。其他人将这个问题看作一个**方法论**问题；在何种程度上，社会实在能够以一种因果的方式发挥作用，在何种程度上，社会实在不能以这种方式发挥作用，或不能**被操纵**以这种方式发挥作用，研究应以理解为目标。我倾向于支持第二种方式，一部分原

[①]　威廉·狄尔泰，德国历史学家、心理学家、社会学家和诠释学哲学家，曾在柏林大学担任黑格尔哲学讲座教授。——译者注

[②]　霍利斯（Hollis，1994）对说明和理解在社会研究中的作用进行了一个古老但非常有趣的讨论。在这本书中，霍利斯还对解释和理解的"个人主义"和"整体"概念进行了非常有益的讨论，因而能够将这两种方法（个人主义解释、整体性解释、个人主义理解、整体性理解）在心理学和社会学以及相关的研究和学术领域结合起来。

因是我不认为物理实在只是以一种（强烈的）因果方式运行，另一部分原因是我相信社会实在可以以一种因果的方式发挥作用——这需要一种我在其他地方提到的降低复杂性的特殊干预（见 Biesta，2010c）。降低复杂性的概念（我将在第二章中更详细地讨论）一方面说明了如何使像教育这样的开放系统以一种更明确的方式运行，另一方面——这是至关重要的——为了使社会系统以因果方式运行，需要付出什么样的"代价"。

社会和教育研究的目的应该是让人们了解行动者的经历、解释和动机，从而使他们的行为方式合理化，但这又提出了一个更重要的问题，那就是人们对自己行为的解释、感知和动机是否可以被视为对正在发生的事情的真实或正确地描述。正是在这里，马克思主义哲学和理论提出了这样一种可能性：由于社会权力结构影响我们的理解和解释，我们的理解实际上可能会**被扭曲**。这就是意识形态的问题，意识形态不仅是社会决定的，也是由社会力量**"产生"**的思想，用卡尔·马克思的话来说，意识形态"否认这种决定"（Marx，引用自 Eagleton，2007，p. 80）。

如果是这样的话，社会行动者无法感知他们的思想是如何被社会权力结构所决定的，这意味着行动者对自己处境的理解从定义上来说是不准确的或是"错误的"，因而需要一种与研究不同的"干预"。这不是一种在研究中试图澄清和系统化行动者已知的关于他们处境的信息的"干预"，而是研究人员让行动者看到他们的解释是如何被潜在的权力结构决定的，以及这种结构的影响如何在他们的生活中**扭曲**他们对真实情况的理解。由这一点可见，可以将社会行动者从权力结构决定其思维的方式中解放出来，这就是为什么作出这种贡献的研究被视为是致力于**解放**的（关于教育领域的论述，详见 Carr & Kemmis，1986）。

虽然社会和教育研究的不同目的还有很多需要被探讨的，但是考虑不同的研究方法前首先要考虑它们的**目的**（也就是它们寻求实现的目标），而不是使用的数据类型，使人采取一个更明智的方法来决定应该采取的特定方法。从目的上看不同的研究方法或"范式"确实将实用主义纳入考虑范围，因为研究人员如果遵循这种方法，先要问的问题不是他们应该收集什么样的数据，而是他们在研究中寻求实现什么样的结果，他们是寻求说明、产生理解还是实现解放。

三种选择还是一个综合的观点？

虽然上述内容为社会和教育研究人员提供了多元化的方法，但仍然存在一个问题，即我们是否应该将这些方法视为单独的方法，以便在某个时刻致力于其中一个方法，或者这些方法是否被认为是相互关联的。后一种观点得到了尤尔根·哈贝马斯（Jurgen Habermas）的支持，尤其是在他的著作《知识与人类利益》（*Erkenntnis und Interestse* 哈贝马斯，1968；译为 *Knowledge and Human Interestise*，1971 年出版）和《社会科学的逻辑》（*Zur Logik der Sozialwissenschaften* 哈贝马斯，1970；译为 *On the Logic of the Social Sciences*，1990 年出版）中最为著名。哈贝马斯并没有把说明、理解和解放看作三种不同的、独立的研究"模式"，而是认为说明在社会研究中可以发挥作用，但当这种研究完全地以说明模式起作用时，它就歪曲了社会现实的具体性质。（这种误解反过来会导致对这一实在的歪曲。）

这就是为什么说明总是需要嵌入旨在理解的研究中，以便对人类行动者的理解能够"控制"对他们（部分）行为的说明。哈贝马斯承认，从批判传统中可以看出，社会行动者对自己行为的理解可能会因权力的运作而扭曲。因此，解释性研究需要嵌入批判性研究的模式中，清楚地表现权力是如何在人们的解释上起作用，最终使整个研究能够促进解放。哈贝马斯认为，社会研究的解放目标并不是一种不同于旨在说明或理解的研究的方法。他主张采用一种"嵌套"模型（nested model），其中说明嵌套在理解中，理解嵌套在批判性的研究形式中，以便这种包罗万象的研究可能有助于解放。

19

最困难的问题：为什么要做研究？

到目前为止，我已经提出了一个案例，即对研究**中的**理论采用实用主义的观点，对不同的研究方法采取实用主义的方法。换言之，我在研究**中的**理论（theory *in* research）和研究**的**理论（theory *of* research）方面提出了实用主义立场的理由。虽然我认为，在这两个层面上，这种实用主义的方法可以为研究人员提供关于他们希望理论在研究中做什么的指导，而并非让他们的理论驱动研究，或者更糟的是，研究人员迷失在理论的复杂性中，但到目前为止的讨论都是基于这样一个假设：研究就其本身而言，就是个好的想法。但是，如果我们想彻底成为实用主义者，我们不仅应该在我们的研究**中**证明我们的特定选择是正确的，而且还需要考虑**为什么**要做研究。这么做的目的是至少不会遗忘研究本身并不是好的或可取的，而是一种非常特殊的回应问题和议题的方式。那么，我们该如何回应这个"最难"的问题呢？让我对这个问题做一些反思与总结。

研究论据的主旨——特别是但不限于社会领域——具有功利主义性质；他们强调研究结果可能是**有用的**。有时候，这也许是证明研究具有实用性的最吸引人的办法，通过强调研究为我们提供了技术知识，也就是研究为我们提供了如何做事、如何解决问题或如何使情况变得更好的知识。这个理论基础可以追溯到一个古老的观点，即（因果）说明不仅为我们提供了预测工具，而且还为我们提供了干预和控制的工具。

"控制"的想法不一定是个坏主意，因为在我们生活的许多领域所发生的控制行为是可取的和有益的。当然，这也是我们与物质世界接触中最突出的一点，在这个世界里，控制的机会越多就可以增加我们的安全感，提高生活质量，例如在我们的健康方面。健康的例子十分有趣，因为健康不仅仅是一个技术和控制的问题，而且还存在一个重要的主观维度。人们对健康生活或健康的含义有着截然不同的定义，而技术永远无法超越这些定义，也无法定义健康和幸福是什么和应该是什么。

在我们与物质世界的接触中，我们现在至少拥有几个世纪的技术知识和经验，并且已经有能力评估这些知识的益处和危险。当然，这并不是说，这一争论已经结束，没有问题了。科技在我们生活的许多领域中不断进步，持续引发了复杂的伦理和政治问题。在社会和教育领域，技术问题是不同的，因为，社会和教育领域发生的事情与物质世界中事物的运作方式相似这一假设，就因果关系而言是非常有问题的。

虽然我们可能会将社会和教育过程"推"到准因果的运作方式上（我将在第二章中更详细地讨论这个问题），但这总是伴随着一定代价的，那么问题来了：我们是否愿意付出这样的代价？这表明，伦理和政治问题不仅是针对伦理委员会或政治家的，而且是研究人员自己应该参与的问题。因此，关于研究能够而且应当产生关于社会和教育进程的技术知识的宏愿，存在本体论、方法论和伦理政治问题。这就是为什么它持续存在，但在我看来相当天真的原因，呼吁研究人员产生关于"什么有效"的知识仍然存在着很大的问题（见 Biesta，2007；2010d；另请参阅本书第二章和第三章）。

然而，研究的有用性并不局限于技术知识和技术的生产。许多社会和教育研究实际上为我们提供了不同的方法来观察、理解和解释我们所处的环境。德·弗里斯（De Vries，1990）建议将其称为"文化知识"（cultural knowledge），并将其与另一种对社会实践有价值的研究方式联系起来，他称之为研究的文化作用。通过提供对社会和教育现实的不同理解，研究不仅可以帮助在这种情况下工作的人以更准确的方式看待事物，而且可以提醒我们注意以前可能没有遇到过的问题。因此，沿着文化路线，社会和教育研究也可以宣称有用，这不是因为它仅仅为我们提供了控制的机会，而是它在更广泛的理解基础上，为我们提供了更多的行动可能性。

21

社会和教育研究往往不想把自己定位为一种控制性的技术，而是一种解放性的技术，即能为社会和教育行动者提供更多、更好的机会进行自己的判断、决策和行动。为了将其与社会和教育研究的批判传统中产生的更强烈和更具体的解放主张区分开来，或许我们应该把这种研究的基本原理称为"软"解放。这些传统的雄心不仅是简单地为社会和教育行动者提供更多的行动选择，而是从这些工作中揭示隐藏的权力运作，并通过他们服务的"观众"来解放社会和教育行动者，但需要警惕，以免描绘出一幅只关注社会和教育研究潜在的积极或有益影响的图画。也就是说，如下两点很重要。

一是米歇尔·福柯（Michel Foucault）提出的观点，即知识永远不应该简单地被理解为能够将我们从权力的运作中解放出来的"东西"。这在一定程度上是因为权力不是消极的（不应当仅被理解为限制），而是积极的。如果我们想创造任何变得更好的机会，权力实际上是相当重要的。这是因为知识本身受权力支配，不仅在"知识就是力量"这句古老的格言中，而且从某种意义上说，一旦我们声称知道了某些东西，我们也就为控制和限制行动机会开辟了途径。这显然是教育研究的一个问题，尤其是那些旨在提供对教育现实和经验的理解的研究模式。

毕竟，要获得关于怎么做的详细知识，例如关于学生如何在教育系统中采取适当行动，或者参考另一个领域，成年人如何找到正确方法在复杂的终身学习环境中生存，都不仅是"有趣"的知识，而且还为政治家和决策者，甚至是教育工作者提供了新的途径。这种控制最终会阻碍学生或成年人原本能为自己创造的行动空间。简单地说，知识永远不仅仅是一种解放性的技术，同时它也可以是（而且通常是）一种规训的技术（见 Foucault，1970），这也是为什么我 *22*
们应该仅仅谨慎地宣称研究在社会和教育领域的效用的主要原因之一。

如果这引发了一些关于研究的"软"解放的目标的问题，一个重要的提醒与更强烈的解放愿望有关，特别是那些声称社会研究可以向社会行动者揭示他们自己看不到或不知道的社会状况，最终实际上是他们对自己的思想和感受的表达。在这里，"隐藏的科学"的概念再次出现，根本的问题是，解放是否应该被理解为一个人告诉另一个人他真正的想法和感受的行为，或者是否用这些术语来思考解放实际上是所有干预行为中最不"解放"的。

保罗·弗莱雷（Paulo Freire）在《被压迫者的教育学》（*Pedagogy of the Oppressed*）（Freire，1970）中已经指出了这一问题，他认为储蓄式教育不能带来解放，因为这种教育形式在教育者和处于受教育者位置的人之间存在权力差别。虽然弗莱雷认为解放是一个激发压迫者和被压迫者批判意识的相互学习的过程，以便这样两种（由权力差别产生的）身份可以同时被影响，但雅克·朗西埃（Jacques Ranciere）提出了一个不同的选择，他将解放问题与知识问题分开，认为平等不是解放进程的结果，而是作为我们采取行动的一个不同的起点（见 Biesta，2010a；关于教育的不同起点，见 Biesta，2010e，2017a）。

结语：采用实用主义而不成为实用主义者

在这一章中，我试图用一种实用主义的方式进行教育和社会研究，以回应我在许多研究中遇到并将继续遇到的问题，这些问题通常出现在（但不限于）博士生的研究中。这样的研究常常给我一种印象，即它的作者迷失在别人的理论中，正是在这种背景下我提出，实用主义的方法可能有助于我们重新获得理论在我们的研究工作中

23

能做些什么的控制权。

　　实用主义的方法意味着，在所有情况下，我们都将我们的判断和决定与"问题是什么"这个问题联系在一起，这样我们就至少会确定我们试图回答的问题是什么以及正在解决的问题是什么，来为特定的"答案"作出选择，或者我在本章中使用的隐喻：为特定的工具作出选择。我建议在三个层面上需要这样的实用主义态度：（1）关于我们在研究**中**使用的理论。（2）**关于**我们使用的与研究有关的理论。（3）首先考虑开展研究的更广泛的理由。我在这一章中所提倡的实用主义态度，显然不是一个将实用主义作为一种哲学或哲学框架来研究的观点，至少不是一个人应该采用某种特定框架的建议，这正是我试图挑战的思维方式。

供讨论和进一步审思的五个问题

　　1. 对于你为什么要做研究这个问题，你的诚实回答是什么？

　　2. 你如何从说明、理解或解放的角度来描述你研究的总体目标？

　　3. 你能确定你的研究中正在使用的理论是什么吗？

　　4. 你使用研究视角的方式是否会违背你自己的研究意图？

　　5. 你知道你所使用的理论或多个理论是在什么背景下以及要解决什么问题或议题的情况下发展起来的吗？

/ 第二章　让教育更美好 /

25　　　　大家都同意，在教育方面进行研究的主要动机是为了使教育更好。但这只是在一定程度上的答案，因为一旦有人问到改善教育的实际含义，如何实现这种抱负以及如何判断教育实际上是否得到改善时，人们的意见就不同了。尽管"使教育更好"听起来是值得称赞的宏愿，但实际上却充满了困难，新手研究人员（以及更有经验的研究人员）充分意识到这些困难很重要。在本章中，我讨论了许多与以下建议密切相关的问题：研究对改善教育的贡献应集中在提高教育效力上。我认为，有效性的提高是否算作进步，关键取决于一个人追求的目标——教育目的的问题。我还建议，这需要对提高有效性的"成本"作出判断。除此之外，还有一个问题是，提高有效性是否是使研究对教育实践有意义的唯一途径，这使我想起教育研究的技术作用与文化作用的区别。

导论：通过研究改善教育

自从 1779 年在德国哈雷大学（University of Halle）①成立首个教育学教授职位以来，教育家和教育学家就对研究改善教育实践的潜在贡献提出了质疑。第一任获得此教席的恩斯特·克里斯蒂安·特拉普（Ernst Christian Trapp）不仅在就职演说中谈到了现在教育中著名的理论—实践问题（见 Trapp，1779），而且也通过其他出版 *26*
物对此讨论作出了贡献，包括一个听起来相当现代的标题：论促进有效知识（*Von der Beförderung der wirkamen Erkentniss*；Trapp，1778）。

关于教育研究的关键之一在于提高教育行动的有效性的提议一直是讨论研究在教育中的作用时反复出现的主题。这种思维方式的最新体现可以在学校效能运动中（例如，参见 Townsend，2007），以及对教育研究应聚焦于生成有关"什么有效"方法的证据的建议中找到（例如，参见 Thomas & Pring，2004；Biesta，2007；另请参阅第三章）。最近一次弥合理论与实践之间鸿沟的尝试可以在教学与学习研究项目（*Teaching and Learning Research Programme*）所提

---

① 该大学的全称为马丁·路德·哈雷-威滕贝格大学（Martin Luther University of Halle-Wittenberg），是一所位于德国萨克森-安哈尔特州哈雷市和维滕堡市的公立研究型大学。——译者注

出的有效教学法十条准则（10 *Principles for Effective Pedagogy*）中找到（James & Pollard，2012a）。这些准则是根据英国教学与学习研究项目中进行的研究课题制定的[①]，该项目是英国有史以来最大的教学研究项目（James & Pollard，2012b，p. 269）。

在本章中，我希望提出一些有关教育改进的想法以及研究能够且应该发挥的作用的问题。我将使用教学与学习研究项目的十条准则说明我在关于研究和改进的讨论中看到的一些常见问题。我将首先简要介绍这些准则，然后重点介绍三个问题。第一个与教育改善需要提高教育过程和实践的有效性的想法有关。我将论证，关于有效性的任何讨论总是需要与关于教育目的和目标的更广泛的考虑联系起来。第二个与有关教育中各元素交互作用的基本假设有关，即与教育如何"起作用"以及如何使其"起作用"有关。我提出，有关教育改进的大部分讨论都基于准因果的教育概念，其中研究的任务被视为找到关键变量，以便整个过程，尤其是"投入"与"结果"之间的关系可以被控制。对此，我将提出一种不同的方式来研究教育的工作方式以及如何使之起作用，为此，我将利用系统理论（systems theory）和复杂性理论（complexity theory）的观点，这涉及我分析的第三个问题。希望作出与研究可以并且应该产生的知识种类有关的

① 这些原则是在对教学与学习研究项目中部分课题综述的基础上制定的，而不是根据所有课题的成果和视角制定的（见 James & Pollard，2012a，pp. 323-328）。例如，在教学与学习研究项目中进行的关于终身学习的工作（见 Biesta et al.，2011；Goodson et al.，2010，不包括在内；Brown，2009，也不包括在内；David et al.，未注明）。

假设，以便可以实际用于教育中。在这里，我将更详细地讨论与实践相关研究的技术角色和文化角色的区别，指出技术角色在改进教育研究方面的局限性。

教学与学习研究项目关于有效教学法的十条准则

我在本章的目的不是要对教学与学习研究项目的十项准则进行批判性分析，而是将其用作思考教育中研究与实践关系的一个例子，尤其是关于教育改进的思想。这些原理本身有其产生的背景，即詹姆斯和波拉德（James & Pollard，2012b，p.277）所称的"教学与学习研究项目开发的概念图，代表了教学和学习的兴趣范围"（有关实际图，请参见同上，p.278），以及该计划旨在综合各个项目的研究成果（p.278）。2006年发布了该准则的第一版（James & Pollard，2006），当时该准则被介绍为十项有效教学的循证准则（James & Pollard，2012b，p.279）。最终决定将这些准则归为四个主题：（1）教育价值观和宗旨。（2）课程、教学法和评估。（3）个人和社会过程与人际关系。（4）教师和政策（p.279）。

尽管在许多次版本的迭代中，这些准则被介绍为"有效教学与学习"的准则（p.279），但在最后的介绍中，它们却被明确规定为"有效教学法的准则"（p.279）。詹姆斯和波拉德提供了从"教学和学习"（teaching and learning）到"教学法"（pedagogy）转变的四个原因。

他们声称"教学法"这个词不像其他短语那样是"学术术语"（academic jargon），它"现在被英国（教育）实践者和政策制定者广泛使用"，比"教学与学习研究项目"开始时更为广泛，"教学法"表达了教与学之间的伴随关系（contingent relationship）。它并没有将教学视为与学习者如何学习的理解分开考虑的事物，而且大多数"教学与学习研究项目"实际上更多地关注"我们所了解的与学习有关的知识对教学的影响，而不是生产关于学习本身的新知识"（James & Pollard，2012b，p. 280）。[①]

因此，虽然使用教学法一词似乎表明人们已经从"教学和学习"的语言转移了，但詹姆斯和波拉德仍然引用亚历山大（Alexander）对教学法的定义"教学及其附带话语的行为"（Alexander，2004，p. 11，James & Pollard，2012b，p. 280引用），并补充说该定义"和'教学与学习研究项目'理解教学法的方式非常吻合"；因此给人的印象是教学法首先是指**教学**。在这种意义上，这里"仍然"使用的"教学法"（参见 Simon，1981；Alexander，2004）与欧洲大陆对应的说法有很大的不同，我将在第五章中再次讨论这个问题。

根据原则去制定"教学与学习研究项目"审核结果的灵感来自英国评估改革小组（UK Assessment Reform Group），他们使用这种方式总结有效的"学习评估"证据（James &Pollard，2012a，p. 279）。最终制

[①]　一个重要的例外可能是"学习生活"（Learning Lives）项目，如前所述，该项目在教学与学习研究项目原则的制定中未被使用。

定的十项准则在"教学与学习研究项目"网站上以"教学与学习研究项目的循证教学法"为标题，并在詹姆斯和波拉德（James & Pollard，2012b）发表的论文中列为"教学与学习研究项目的十项有效教学法准则"。其内容如下：

1. 有效的教学法使学习者在最广泛的意义上为生活做好准备。

学习的目的应该是帮助个人和群体开发智力、个人资源和社会资源，使他们能够作为积极的公民参与社会活动，为经济发展作出贡献，在一个多样化和不断变化的社会中作为个人蓬勃发展。这意味着采取一种广泛的有价值的学习成果的概念，认真对待所有人的公平和社会公正问题。

2. 有效的教学法涉及有价值的知识形式。

教学法应该让学习者接触大观念、关键技能和过程、话语模式、思维和实践方式、态度和人际关系，这些都是特定情境下最有价值的学习过程和结果。他们需要了解在不同的环境下，质量、标准和专业知识是由什么构成的。 *29*

3. 有效的教学法认识到先前经验和学习的重要性。

教学法应该考虑到学习者已经知道的东西，以便他们和那些支持他们学习的人计划下一步行动。教学不仅要建立在先前学习的基础上，也要考虑到不同学习群体的个人和文化体验。

4. 有效的教学法需要学习支架。

教师、培训师和所有支持他人学习的人，包括同龄人，应提供智力、社会和情感支持的活动、文化和结构，以帮助学习者在学习中取得进步。当这些支持被移除时，学习需要被保障。

5. 有效的教学法需要评估与学习保持一致。

评估的设计和实施应以在学习结果和学习过程中实现最大有效性为目标。它应该有助于促进学习以及确定学习是否已经发生。

6. 有效的教学法促进了学习者的积极参与。

学习的一个主要目标应该是促进学习者的独立性和自主性。这包括获得一系列学习策略和实践，培养积极的学习倾向，有意愿和信心成为自己学习的推动者。

7. 有效的教学法促进个人和社会进程以及结果。

应鼓励和帮助学习者以学习为目的与他人建立关系和交流，以促进知识的相互建构，提高个人和群体的成就。向学习者咨询他们的学习情况并给予他们发言权，既是一种期望也是一种权利。

8. 有效的教学法认识到非正式学习的重要性。

非正式学习，如在校外或在工作场所以外学习，应至少被视为与正式学习同等重要，因而应在正式学习过程中予以重视和适当利用。

9. 有效的教学法依赖于所有为他人学习提供支持的人的学习。

30

讲师、教师、培训师和同事需要不断学习，以拓展他们的知识和技能，适应和强化他们的角色，特别是基于实践的探究方式应该得到认可和支持。

10. 有效的教学法要求有一致的以支持学习为首要目的的政策框架。

组织和系统层面的政策需要认识到持续学习对个人、团队、组织和系统成功的重要性，并为所有学习者创造有效的学习环境而设计。

教育改进：有效性还是变得更好？

"有效教学法"的思想表明，教育改善是提高教育过程和实践的有效性的问题。在这里，我们可以在有关教育改进的论述中找到一个非常普遍但也非常基础的问题。这个问题与有效性是**过程**价值这一事实有关，也就是价值说明了某些过程"产生"某些"结果"的能力。有效性观念所没有的成分是对结果本身的可取性的判断。粗略的说法是，既存在无效又存在有效的曲解；尽管人们可能会努力工作以提高人们所采用的曲解方式的效能，但这并没有使结果变得更好。在这方面，无效的曲解在道德上应同有效的曲解一样受到谴责。

因此，尽管从一般意义上讲，在教育中可能需要一种**更有效**而不是**较低效率**的工作方式①，教育目的的多维性使这件事变得更加复杂（请参阅下文）。只是说有效性的提高构成了教育上的改进，如果我们不指定该活动旨在实现的目标，那将是一个空洞的陈述。考虑到"有效性"是一个过程价值，因而关于教育改进的一个关键问题应该是"**对什么有效**"（见 Bogotch，Mirón & Biesta，2007），鉴于对一个人或一个群体有效的不一定对另一个人或团体有效，人们不妨添加第二个问题："对谁有效（见 Bogoth，Miron & Biesta，2007；见 Peterson，1979，这是一本简短的著作，表明这一观点是由来已久，也许已经被遗忘了）。在"教学与学习研究项目"的十项有效教学法准则中，大多数似乎没有涉及（教育）的目的问题。

当我们重新审视准则第二至第十条时，它们多是关于教育应该如何开展的**一般性**和**去情境化**的主张，却没有提供任何实用主义意义上的"框架"，没有提供任何关于有效教学法应该带来什么的见解。例如，虽然在某些情况下，出于某些目的，接触有价值的知识形式可能确实是个好主意，但在其他情况下，这恰恰不是开展教育的方式；有时是因为侧重点不在知识上，比如说，技能的教育；有时是因为重点是让学生明白，抽象意义上不存在"最有价值"的知识，因为有些人看重的东西不一定被其他人重视，或者，在一个情

———————

① 简要提及有效性也应与效率区分开，这可能很重要。有效性涉及这样一个问题，即一种特定的方法或策略是否会带来预期的结果，以及一种特定的方法或策略是否比另一种更安全地做到这一点。另外，效率并不关注"是否"，而是关注"如何"，因为它询问为实现预期结果而需要部署的资源，并且它对以尽可能最佳的方式使用此类资源感兴趣。

境中有价值的东西在另一个情境中未必也有价值。

通过考虑学习者已知的知识并将教学建立在先前学习的基础上，认识到先前经验和学习的重要性有时是一个好主意，但在其他情况下，却需要彻底中断这种学习。例如，当学生已经存在一些错误的观念，阻碍了他们在理解方面的进步；或者因为学生已经学习并内化了一些对自我的看法，即他们不适合完满参加正规教育（从生命历程视角看学习问题时，这是一个常见的主题。）（见 Biesta et al.，2011；Goodson et al.，2010）。

我要在此提出的更宽泛的观点是，清单中提到的十项准则中的任何一项是否确实属于有效教学法的例子，这一问题只有在人们要实现的目标是否明确的情况下，才能作出判断。在这方面，至关重要的是，教育是一种包含目的论的实践，也就是说，一种实践不仅由其目的（希腊语：telos）**建构**，而且实际上由其目的**构成**；没有目的，教育就不存在。换句话说，教育行动总会引起一个问题，即行动是为了什么，它想达到什么目的。这并不意味着可以或应该事先完全确定这些目标，因为教育者还可以决定就其可能的结果开启完全开放的进程。这也并不意味着只应允许教师或家长制定教育活动的目标，尽管可以说，他们在教育过程和关系中负有责任，这与学生和儿童的责任有着根本的不同。

十项准则是通过第一项准则中所述的内容解决了这个问题，即有效教学法从最广泛的意义上为学习者提供生活的建议：撇开有效教学法这颇为奇怪的表述（这可以说是关于整个教育事业的更加一般性的陈述）可以认为：学校教育应使学生在最广泛的意义上具备生活能力这一假设，几乎没有什么问题，甚至可以说这种陈述如此泛泛，以至于它对教育过程和实践几乎没有给予任何指导。但是，该一般性陈述揭示出它并不是完全开放的，尤其是詹姆斯和波拉德对教育目的持有一种"功能性"的观点。他们确认了"关于教育目的的哲学和政治思想的三个主要方面"（James & Pollard，2012b，p. 276），即**"经济生产力""社会凝聚力"**和**"个人发展"**（p. 276）。而且，关于教育目的的这三种思想是相当具体的，并且与非常特殊的教育和政治意识形态相联系，其中更多的是**经济人**（homo economicus）的思想，而不是**民主人**（homo democraticus）的思想。毕竟，人们可以问的是为什么"有效教学法"应侧重于经济生产力，而不是可持续和合理地利用有限的自然和社会资源；为什么它应该注重社会凝聚力，而不是和平共处，或者为什么它应该注重个人发展、实现和表达，而不是同情、利他主义和伦理参与。

33   然而，即使采用这种特定表述的教育价值观和目的来指导我们的教育事业，仍然存在许多问题。第一，其他九项准则与第一项准则的陈述脱节。例如，没有尝试能够表明，在任何情况下，"脚手架"都是比自我指导学习或发现学习更有效的，促使个人蓬勃发展或提高经济生产力的方法。第二，第一项准则中列出的价值观和目的缺乏正当理由，在这方面提出了一个更深层的问题，即学校教育是否应被视为社会的一种职能，或者是国家或政府的职能，教育是否也应该遵循超出这一范围的目的的指导。至少从卢梭开始，这个问题（即教育领域的自治问题）就一直是教育文献中持续讨论的一个话题，可以表述为学校教育是否确实应该是社会或国家的功能并且对它们起作用，或者教育是否也总是像法国教育学家菲利普·梅里厄（Philippe Meirieu）设想的那样必然具有"抗拒的义务"（duty to resist）（参见 Meirieu，2008）。第三，"教学与学习研究项目"准则将教育目的问题缩小为"学习成绩"（Learning outcomes）（参见 James & Pollard，2012b，p.282），忘记了将这种"成绩"作为教育所期望的**结果**（results）的任何表述，都是以教育目的的表述为条件的，而不是这种结果能够取代这种目的。

因此，尽管在任何有关教育改善和有效性的讨论中，教育目的的问题都是必不可少的，但我认为，关于教育目的的讨论不应仅仅考虑不同意识形态立场。正如我在其他地方（Biesta，2010f）所详细论述的那样，承认教育从来不只与一个目的或一系列目的有关，而是认为教育活动总是与若干不同领域的教育目的有关，可以更清楚地说明什么是好（而不是有效）的教育。了解其中利害关系的一个方法，就是从研究学校教育实际产生影响的不同领域开始。关于这一点，我建议可以在教育倾向于发挥作用的三个领域之间进行区分。一是**资格化**领域。这与学生通过教育获得知识、技能和倾向的方式有关，这些知识、技能和倾向使他们有资格做某些事情，而"做"可

34

以非常精确和有限。例如，完成数学运算或执行实际技能的能力，也可以非常广泛；例如成功应对复杂多元文化社会的能力。

第二个是**社会化**领域。这与通过教育使学生成为现有传统、文化、存在方式和做事方式的一部分并从中获得观点与态度的方式有关。例如，我们可以思考教育——无论是有意还是以更"隐蔽"的方式——是如何再生产特定的社会和文化结构与身份，有时是因为这就是教育的目的，有时是因为这是教育实际发挥作用的方式。但是，职业社会化，即特意使学生成为具体专业领域的合格成员的尝试，是另一个例子，宗教和道德教育的特殊形式也是如此。除了教育起作用的这两个领域外，我认为教育总是对人产生影响，要么使学生更加依赖现有的结构和实践，要么使他们更独立于这种结构和实践——连接了教育作为解放过程的一条思路。

虽然资格化、社会化以及我建议的"主体化"，即成为一个主体的过程，可以被看作教育的三种独特功能，即大多数（如果不是所有的教育）具有影响力的三种方式，资格化、社会化和主体化也可以看作教育的三个潜在目的，或者为了承认对它们中的每一个都有重要的选择等待被完成，也可以说这是**教育目的的三个领域**。以这种方式思考教育中的目的问题至少可以使讨论更加精确。但是，对于本章的重点，以这种方式看待教育目的问题还有另一个重要优势。这一优势源于以下事实：教育目的的三个领域将教育牵引向不同的方向。换句话说，这三个领域之间没有完全的协同作用，而是存在紧张和冲突。例如，竞争可能是资格领域中的理想"驱动因素"，比如有人可能会争辩说，在竞争性环境中，学生会取得更多成就。而在社会化领域中，竞争不一定是理想的价值观，例如，如果一个人希望发展一种合作态度。同样，竞争也不是主体化领域的一种理想的取向，即如果一个人希望促进一个**民主人**而不是**经济人**的出现。

我倾向于认为，教育目的的多维特征，即教育总是与许多不同的"领域"相关联的事实，是教育实践所特有的。与其他通常由一个方向组成和构架的其他人类实践不同，例如，医学对促进健康的取向或法律制度对促进正义的取向，教育目的的多维性意味着始终需要就如何**平衡**教育试图促进的不同"利益"作出判断。在许多情况下，这是一个"权衡"的问题，一个人为了促进与另一个领域相关的特定成就，愿意在一个领域"让步"多少，例如在资格领域少一点，以便在主体化领域可以做得更多。

关于这一点，我想说的是，它为"有效教学法"和教育有效性的议题带来了一个非常具体的问题，这意味着，在一个目标领域推进进展的有效方法，在另一个领域可能**并不**有效。因此，教育有效性的议题是将特定的教育策略和发挥作用的方式与人们的目标联系起来，这就是为什么"有效教学法"仍然是一个毫无意义的概念，直到人们明确指出教学法应该为什么而有效。也就是说，它应该产生什么么效果。不仅如此，有一个困难是，教育总是在（至少）三个不同的教育目的领域起作用，以至于对于一个领域有效的事情可能对于另一个领域无效，或者至少会限制或阻碍另一个领域的有效性。这表明，不仅需要就手段与目的的关系作出判断，而且还需要就目标之间的潜在张力和冲突作出判断。

一些人试图通过表明学校教育实际上应该只关注资格化问题来解决这个特殊问题，而社会化和主体化问题属于父母的职权范围，而不是教师的职权范围。我们可以在政策层面上看到这种趋势，尤其是当非常狭隘的资格审查议程作为教育中唯一重要和应该被重视的事情时。这种人为减少学校教育功能的做法是否可行仍有待观察。毕竟，有人可能会说，即使是完全按照资格化条件建造的学校，也仍然扮演着社会化和主体化的角色，因为它们使学生认为生活中唯一重要的是知识和技能，成为有价值的人的唯一途径是通过资格认证完成他们的社会化。

我对"十大准则"和"有效教学法"的看法可以概括为："有效性"本身不是一种教育善（educational good），它只有在与教育目的的观点有关时才成为一个有意义的概念。从这个意义上说，在教育领域，没有一种方法或工作方式本身是可取的，因为一切都取决于一个人的目标是什么。教育应该是灵活的、个性化的、学生主导的还是激励性的，或者应该是严格的、结构化的、一般的、教师主导的还是困难的，完全取决于一个人的目标是什么。在这方面，关于教育过程和实践的所有判断都完全是**实用主义**的。它们从来都不是关于这些过程和实践本身的可取性，而总是与它们应该带来的结果有关。①虽然提高教育的有效性可能被认为是教育改进的有限的技术性定义，但任何关于改变是否最终能被算作改进的判断都必须最终针对该活动的更广泛目的。鉴于教育目的的多维性，对于一个目标领域有效的内容，不一定与另一个目标领域有效相关。这就使得从一般意义上讲如果可能的话提高教育的有效性变得极为困难。任何人在这里所能说的，最终都必须与教育目的的特定领域有关。

　　所有这些表明，在一般和抽象的意义上制定有效教学法原理的 想法是有根本缺陷的。这是否意味着不可能为教育实践制定任何原则？我不这么认为，但重要的是，以实用主义的方式来完成这一任务，即以"如果……那么……"的形式，例如"如果有人希望提高学生的考试成绩，那么建议对学生进行尽可能多的特定考试任务的培训"，或者"如果希望教给学生理解知识的能力，那么建议为学生提供很多应用机会、反思与讨论"。这种为教育改进制定基于研究的原则的方法，可以追溯到劳伦斯·斯滕豪斯（Lawrence Stenhouse）的作品，并且在"过程原则"（principle of procedure）的思想中得到了体现（参见 Stenhouse，1975）。过程模式是由教育目标和宗旨所

---

　　①　这里的条件是教育手段在道德上应该是可以接受的，我的论点不是旨在证明手段是目的的手段，而是最终只能根据目的问题来决定手段的可取性。教育的目的之间是有内部联系的，这是一种理论上的说法，即学生从我们所说的东西中学到的东西与我们所做的一样多。因此，教育手段在目的上不是中立的，而是具有教育性的"自我力量"（例如，参见 Carr，1992）。

驱动，也就是说，课程由被认为是所期望的内容的陈述所驱动，**然后试图阐明可能对实现这些目标作出积极贡献的工作方式和方法。**①

使教育发挥作用：因果关系还是复杂性？

如果前面的部分让人们了解到，为了参与教育改进需要提出什么样的问题，而不是仅仅提高教育"操作"（operation）的有效性，那么我现在想谈谈研究在这方面所起的作用。我将分两步来完成。在本节中，我将探讨有关教育过程和实践中各元素交互作用的假设。在下一节中，我将探讨我们可能期望从与此相关的研究中获得什么样的知识，以及这对于研究在教育实践方面的有用性意味着什么。

许多关于教育及其改进的讨论似乎都有这样一个假设：教育是以一种因果关系的方式发挥作用的，一方面，存在着"输入"变量，如教学、课程、评估，也许还有诸如学生能力、物质资源和更广泛的政策等变量；另一方面，我们发现或多或少一些广泛的学习成果。尽管许多研究人员和政策制定者承认，对于所有变量之间可能存在的联系，我们仍有许多不清楚的地方，虽然许多人也承认在"输入"和"结果"之间存在着一个复杂的网络，但总的趋势似乎是这只是一个实践的（practical）问题；也就是说，如果我们进行更多的

38

---

① 可以在詹姆斯和比斯塔（James & Biesta，2007，pp.143—160）中找到这种特定方法的具体示例。

研究，我们最终将能够确定决定某些学习成果的因素①，用流行话语来说，我们最终将能够确定什么是有效的。这些假设是（准）因果的，可以从所使用的语言，即"工作"（working）和"生产"（production）的"输入"（input）和"结果"（outcomes）的语言中看出。但也可以从试图识别那些"产生影响"（make a difference）的因素的研究中注意到（例如，见 Hattie，2008）。

"教学与学习研究项目"十大准则似乎也遵循准因果假设。这不仅可以从有效性概念的核心作用，也可以从"概念图"（conceptual map）中看到，概念图基本上由许多输入变量和一个过程空间组成，在过程空间中我们发现课程、教学法和评估，并将所有这些纳入"学习成果"中（见 James & Pollard，2012b，p. 278）。詹姆斯和波拉德强调教学与学习研究项目未能"在分类知识或因果关系方面对研究结果作出明确声明"（p. 277），尽管他们也为以下事实道歉：由于大多数项目都是在真实的环境中进行的，因而"不可能在任何时候控制所有变量的运行（p. 277）"，但这些陈述恰恰表明，理想情况下，他们以上述准因果的方式看待教育中各元素的交互作用。

关于教育的因果假设的一个问题是，它们很难给参与教育的行动者一个位置，更具体地说，是他们的反身能动性（reflexive agen-

---

① 芬斯特马赫（Fenstermacher，1986）提出了一些非常重要的问题，关于教学的目的是"带来"学习的普遍假设，相反，他认为如果教学能够促进或产生任何东西，我们应该把它看作是带来"学习"。

cy），教师和学生可以根据自己的思想、判断和决定来思考和行动。当然，人们可以认为，如果教育能够正常发挥作用，这些正是需要控制的方面，在学校效能研究中确实存在一种趋势，认为教师和学生的反身性是问题，而不是教育现实的一部分。但也有人认为，教育是反身能动者行动的结果，这一事实意味着我们需要对教育的操作进行不同的思考，教育不是作为一个发生在参与者背后的准因果的机械实在，而是作为复杂的社会实在，由反身能动者的有意识行为构成。从某种意义上说，这与教育和社会研究领域的一个相当古老且普遍的讨论有关，即这类研究的对象是否可以与自然科学的研究对象相比较，或者它是否具有自己独特的性质。这是一个重要的讨论，在我看来，它经常被与此有关的有趣得多的方法论讨论所取代，被称为定性和定量研究，但对于本章的目的来说，这个讨论有点太大了。然而，有助于取得一些进展的有用的方法是通过系统理论和复杂性理论的语言。①

系统理论帮助我们看到，教育作为一个生产过程：一个投入、工作和产出的过程，因而是一个准因果过程，最终是一个**完全**因果过程，只有在特定的条件下才有意义。这种情况只能在封闭的确定性系统中找到，即不受外界干扰，并且构成系统的元素在内部以严格确定的方式工作的系统：a 导致 b，b 导致 c，依此类推。虽然物理现实中的一些（但实际上不是很多）系统可能以这种方式运行，但是

---

① 我在（Biesta，2010c）那篇论文中，对此做了更详尽的论述。

教育系统并不是这样运行的，这已经说明了为什么对教育（完美）因果关系进行假设是有问题的。究其原因，在于教育系统是**开放的**、**符号化的**、**自反馈**系统。

教育系统是**开放的**，因为环境的边界从来都不是完全封闭的，例如，孩子放学之后要回家，因而得到的"变数"比学校环境所能控制的要多。教育系统是**符号化的**，师生之间的互动不是基于躯体间的推拉，而是基于交流和解释——学生试图理解教师的言行，并通过这一点向教师学习。教育系统是**自反馈**，系统中的"元素"（即教师和学生）的行为反馈到系统中，并改变系统的发展方向。其主要原因在于，系统中的"元素"不是刺激—反应的机器，而是思维和感觉的存在物，根据他们的感知和解释，他们可以选择以一系列不同的方式行动。

以这种方式看待教育可能会指向这样一个问题，即教育体系究竟是如何运作的，因为存在着太多的分歧、易变性和不确定性。鉴于研究已经能够找到"输入"和"结果"之间的相关性，有时也有人提出这样的论点：把教育描述为一个开放的、符号化的和递归的系统一定是错误的，因为研究表明教育可以以准因果的方式"作用"。对此的反应有三个方面。首先要记住的第一点是，虽然可以找到许多开放的、符号化的和**自反馈**系统的变量之间的关联，但这种理解教育系统运作的特殊方式表明了这种关联实际上是如何实现的；也就是说，它们是人们试图理解的结果，试着去交流、去教学、去被教导，而不是在那些参与的人背后发生的事。

以我的方式描述教育的第二点是，它有助于更好地理解为了使开放的、符号化和**自反馈**系统以更可预测的方式运行，我们实际需要做什么（以及实际上完成了什么）。这里的关键原则是**降低复杂性**（complexity reduction），即减少系统中"元素"可用的行动"选项"的数量。①关于教育系统，可以通过以下三条途径降低复杂性。（1）降低系统的开放性。（2）减少在系统内的意义建构（符号化过程）。（3）减少系统的**自反馈性**，或者阻碍反馈循环，阻止"元素"以反身性的方式作用。当我们审视教育时，可以看到减少复杂性的具体例子，以便使教育"发挥作用"。学校建筑、课程、时间表或家庭作业都是试图通过减少来自外部的潜在影响来降低教育系统的开放性。评估是教育减少和控制意义产生的一个关键方法，评估通过从学生生成的所有可能的解释中进行取舍，并确定一些解释是"正确的""合适的"或"真实的"，而其他的则是"错误的""被误解的"或"假的"。此外，许多操作程序，如教师会议、投诉程序以及专业发展，都是减少和控制反馈循环的措施。

从某种意义上说，降低教育系统的复杂性没有什么错，因为正是通过这些措施，教育系统才能发挥作用。但是，当我们研究如何使教育以这种方式发挥作用时，可以想象，到达某一个临界点时，

①　麦当劳的运作方式为其他快餐店做了一个很好的榜样，这说明了降低开放的、符号化和自反馈系统的复杂性意味着什么。

降低复杂性变成了不合理的控制。例如，在这一临界点上，所有与外界的互动都被阻断了，学生被告知只有一个正确的答案和一种恰当的行为方式，教师反思和学生反思被排除在系统之外。这里的重点是，在很大程度上，可以将开放的社会系统，如教育系统转变为封闭的确定性系统，但这总是要付出代价的，所以关键问题不在于我们是否应该降低教育系统的复杂性，而是应该**在多大程度上**这样做，出于什么原因和愿意为此付出多大的代价。我想指出，一个关键的"临界点"（tipping point）涉及学生不再是主动和负责任的主体，而成为教育干预的对象。这就是教育变成灌输的时候，此时教育本身就要完结了。

这些观察对教育改进和研究发挥的作用意味着什么？我认为，如果我们按照对教育过程和实践动态的准因果理解的方式来完成教育改进的任务，那么，我们是在"黑匣子"的教育理念下工作的，我们假设"投入"和"结果"之间存在某种神秘的联系，却不知道这些联系是如何实现的。这就是为什么在**缺乏**适切的深层互动理论的情况下，"输入""结果"和"中介变量"之间的相关研究效用十分有限，因为它既不能让我们了解**如何**"实现"这种联系，也不能让我们了解**教育变革**朝着改进的方向发展的潜在**驱动力**。①

当然，我们可以讨论什么才算是一个合适的理论，但我认为，

---

① 我使用"朝着改进的方向发展"这个短语，是在我上一节所说的有效性和改进的背景下使用的。

系统理论和复杂性理论的观点提供了一个相当有用的方法来理解教育是如何"作用"的，我们承认使教育发挥作用的主要工作是由反身能动者——教师和学生，而不是某种神秘的准因果力量来完成的。

研究的实际效用

上述观察结果对我们对研究的期望也有重要的启示。在关于教育改进的有效性和"什么起作用"的讨论中，人们对研究的主要期望（如果不仅仅是期望）是它产生**技术**知识，也就是关于变量之间可能关系的知识。在教育中，重点可能首先是那些可以由教师控制的变量之间的关系，这些变量包括教学法（狭义上）、课程和评估。然而，技术知识的发展往往依赖于教育中各元素交互作用的准因果假设。正如我所建议的，开放的、符号化和递归的系统，比如教育，可以通过降低其操作的复杂性来实现其更高的可预测性，但用准因果的术语来思考这些系统，则假定了一种"黑匣子"的方法，这种方法不能产生对实际工作中各元素交互作用的理解。在这方面，在教育中追求技术知识是有问题的，也许是因为这种知识本身无法洞察为什么事物在如此工作。如果我们把这些知识和产生这些知识的研究看作更广泛的努力的一部分，以减少和最终控制教育系统的复杂性。我们可以看到通过研究—政策—实践"复杂体"（complex）模式的运转来降低复杂性的政治活动。

　　人们可以把这看作对不同类型技术知识的需求的一个论据，因而需要一种不同的、真正深入探究教育系统中的交互作用的研究。虽然从某种意义上说，这确实遵循了我在本章中所追求的思路，但如果说这仍然是一种技术性知识，那就忽略了我试图阐明的教育的社会本体论的一个重要观点，即这个特殊的社会本体论假设教育是作为反身能动者的有意活动的结果。这意味着，教育变革朝着改进的方向发展的一个重要途径，就是在情境中的行为主体如何理解情境以及情境中正在进行的活动。

　　正如了解行为和后果之间可能的联系可以为教育能动者的感知、判断和行动提供信息一样，不同的概念和对可能发生的事情的解释有同样的作用。毕竟，无论人们从行为目标、学习困难、包容、合法的边缘性参与、批判种族理论还是教学作为天赋等任一方面来看，课堂都会有很大的不同，但这只是为教育过程和实践赋予意义的几种不同方式。研究所能提供的与此相关的知识——我确实从广义上理解"研究"，包括经验的和理论的学术研究，正如我在上一章已经提到的，可以被称为**文化**知识（见 De Vries，1990）。这些知识为我们提供了对教育现象的不同解释（包括重要但困难的任务，即首先将一种现象称为教育现象是什么意思；见第五章）。

　　德·弗里斯利用这两种知识"模式"的区别，确定了两种不同的研究方法，一种是针对他所说的研究的技术作用，另一种是他所指的文化作用。当研究在教育实践中扮演一个技术角色时，它提供了技术知识，也就是关于"投入"和"结果"之间可能的关系的知识，最重要的是那些可以通过某种方式由教师和其他教育能动者控制的关于"投入"的知识。当研究在教育实践中扮演文化角色时，它为实践提供了不同的解释、不同的意义生成方式和不同的意义感知方式。

　　德·弗里斯提出的观点与我在本章中论述的观点一致，即沿着这两条线，研究可以促进教育实践的改进，这意味着研究可以提供的不仅仅是有效性和"什么起作用"所讨论的假设。除此之外，我还论证研究的技术作用实际上相当有限，对教育过程和实践中的交互作用的更复杂理解暗示了不同的知识和理解——特别是考虑到反身能动者作用的知识和理解。具有讽刺意味的是，虽然许多教育研究都是在严格的技术模式下进行的，却假定存在这种反身能动者。否则，研究人员为什么还要费心去制定改进教育实践的原则呢？当这样的建议以技术的形式出现的同时也暗示了，教育是在这些反身能动者的背后起作用的。

　　尽管詹姆斯和波拉德(James & Pollard，2012b)承认教学与学习研究项目实际上只产生了有限数量的技术知识，但令人吃惊的是，十大准则主要是基于对教育的准因果理解以及教育改进首先需要什么的理念制定的，是关于如何使整体操作更有效的技术知识。

结语

　　在这一章中，我试图提出一些关于教育改进的关键问题，以及研究可以在其中发挥的作用。我用"教学与学习研究项目"有效教学法的十项准则作为一个"案例"来更详细地探讨这些问题。我认为，教育的改善不能仅仅理解为提高教育操作的有效性，而必须始终关注教育应当对什么而言有效的问题，即教育目的的问题，因为只有与此相关，才能区分教育变革（educational change）和教育改进（educational improvement）。我认为，教育目的的多维性质进一步限制了有效性思维，即针对一个目的（领域）的有效方法或策略可能对另一个目的（领域）而言并不有效。这就是为什么总是需要教育判断，且研究永远不能转化为抽象和一般的有效教学法。

此外，我还指出，很多关于教育改善的讨论都依赖一种准因果的教育概念，它基本上不把教育中的交互作用理论化，而是依赖一个"黑箱"阐释，它寻找"投入"和"结果"之间的关联。我使用了复杂性和系统理论的见解打开这个"黑箱子"，特别是为了承认教育中总是包含反身能动者。我展示了一种为教育改进拓展了新途径的教育的"社会本体论"（social ontology），这些途径总是涉及规范性问题，即我们愿意为使教育体系更具可预测性而付出的代价。我还建议，这将进一步限制产生有关教育的技术知识的可能性，同时也使我们更好地理解我所说的"文化知识"对改善教育的重要性。

如果教育研究致力于改善教育，那么是否有什么经验可以对教育研究该何去何从提供启示？我认为有，但从中得到的主要经验也许是我们迫切需要更好地理解教育作为一种具有目的论的实践，以便使任何有关改进的问题都能用实用主义方式处理，即关于一个人的目标是通过教育实现什么，同时也迫切需要更好地了解教育中的交互作用，为此，我提出了基于复杂性的理解的价值。这部分说明需要更多、更好的教育理论，它指出，有必要超越关于"定性"和"定量"之间的徒劳讨论，转向以教育过程和实践的特殊性质为出发点的讨论。"教学与学习研究项目"有效教学法十项准则的案例表明，在"英国有史以来最大规模的教学与学习研究计划"中，这方面的许多内容仍然匮乏。

供讨论和进一步审思的五个问题

1. 你的研究在哪些方面致力于改进教育？

2. 你对教育改进的看法与教育目的的三个领域(资格化、社会化和主体化)有什么关系？

3. 你的研究以什么样的(隐含或显性)教育交互作用模式为基础，这与教育作为一个开放的、符号化、自反馈的系统的理念相比如何？

4. 如果你的研究结果为改进教育提出了建议，你如何看待实现这种改进的"成本"，比如说财务、教育或其他方面的成本？

5. 就知识及其与教育实践的关系而言，你的研究处于"技术—文化"谱系中的哪个位置？

/ 第三章　"什么有效"是不够的 /

教育研究把重点放在"什么有效"上是很容易的，而且几乎不可能对这个建议质疑。"什么有效"这句咒语听起来很诱人，但经由仔细观察，研究应该产生关于"什么有效"的知识的这一想法存在着重大问题。这个想法建议最好通过进行大规模随机对照试验（large-scale randomized controlled trials）来实现这一点，并且如果所有这些试验都能为教育实践提供一个强有力的"证据基础"，那么将大大有助于提高教育水平。在这一章中，我对教育应该成为一个基于证据的专业以及关于"什么有用"的知识可以使教育走上这条路的一些关键假设进行了批判性的讨论。在讨论中，我强调了三个缺陷，即知识缺陷、功效缺陷和应用缺陷。将前两章的主题与见解延续下去，我总结出教育需要以价值为基础，而不是以证据为基础，因为只有建立在关于什么是好的教育的价值规范性判断的基础上，教育实践才成为可能。正是因为这个原因，任何提到"什么有效"的方法都是根本不够的。

导论：走向循证专业？

像教育这样的专业实践应该以证据为基础，或者至少应该以证据为依据，这一观点在全世界许多国家已经产生了影响（概述见 Wiseman，2010）。对期刊标题的快速浏览不仅向人们表明循证实践思想日益普及，而且凸显其在大量专业领域的存在，范围包括医学——在医学领域，循证实践的想法最初始于 20 世纪 90 年代初（见 Guyatt et al.，1992）——通过社会工作、指导，甚至图书馆和信息实践等领域而抵达教育领域。[①]当然，证据应在专业工作中发挥作用的观点散发着一些直观的吸引力，而且很难想象反对证据参与其中的论点。这更是因为专业与其他工作领域不同，它声称拥有对人类生命有价值的专门知识和技能（Freidson，1994，p.167）。这不仅提出了关于专业人员运用知识和技能的基础的一般性问题，鉴于专业工作一般都是以人类福祉为导向的，这也提供了一个初步的理由将专业行动建立在现有的最佳知识之上。

这并不是说证据应该是专业实践中**唯一**重要的东西。重要的问题不是证据在过程性行动中**是否**应该发挥作用，而是它应该发挥什

---

① 一个（随机）选择的致力于循证实践的理念的期刊标题：《循证医学杂志》《循证医疗杂志》《循证牙科实践杂志》《循证护理杂志》《循证社会工作杂志》《循证健康政策与管理杂志》《国际循证辅导与指导杂志》《循证图书馆与信息实践杂志》和《学校循证实践杂志》。

么样的作用（另见 Otto，Polutta & Ziegler，2009）。同时需要反思它**能够**起到什么样的作用，因为对不可能实现的证据抱有期望是没有意义的。后者对于决策者采纳循证实践理念尤为重要，因为决策者往往有对证据期望过高的倾向（例如，见 Weiss et al.，2008）。在这些案例中，这就成了一个严重的问题，有人认为专业人士应该只被允许做那些有确凿研究证据的事情——在我看来，霍姆斯等人（Holmes et al.，2006）已经将这种方法恰切地确定为一种极权主义。①

循证实践的理念在普遍赞成在专业实践中赋予证据更突出地位的人和总体上对循证理念或其在特定专业领域的适用性表示担忧的人之间引发了大量的讨论（例如，见 Hammersley，2005；Smeyers & Depaepe，2006；Holmes et al.，2006；Cornish & Gillespie，2009；St. Clair，2009）。虽然一些作者对科学证据的预期持谨慎态度，但其他作者继续推动模仿"医学模式"的研究，以解决教育领域的许多问题（如不是所有问题，请参阅 Prenzel，2009；另一种观点，见 Biesta，2010g）。在我自己的讨论参与中，我特别强调了在教育中采用循证实践理念的"民主缺陷"（democratic deficit），强调了对证据的特殊使用是如何威胁到**取代**专业判断以及对教育目标和目的及教育行为进行更广泛的民主审议（见 Biesta，2007）。在本章

49

---

① 霍姆斯等人还使用"微观法西斯主义"（microfascism）的概念来批评卫生科学中关于证据的论述，还为使用这一概念提供了令人信服的理由。

中，我将重温先前讨论的一些地方，为其添加一些进一步的分析。我将以价值为基础的教育作为循证教育的替代方案的形式来阐述我的思考。把以价值为基础的教育理念称为一种替代，并不是说证据在这种教育理念中根本不起作用，而是强调证据的作用从属于构成教育实践的价值观。

在我的分析中，我将着重于三个方面：认识论、本体论和实践。在每种情况下，我将呈现两种不同的特定维度的"解读方法"。在认识论方面，我将区分表象（representational）认识论和交互性（transactional）认识论；在本体论方面，我将区分封闭系统和开放系统；在实践方面，我将区分应用和合并。在这三种情况下，我都会指出缺陷。在认识论领域，存在**知识**缺陷，在本体论领域，存在**有效性**或**功效**缺陷，在实践领域，存在**应用**缺陷。综合这些缺陷，不仅提出了一些关于循证实践理念的重要问题，而且突出了价值规范性、权力和价值观的作用。在最后一节中，我将讨论这些缺陷对教育实践的启示，这反过来又将引导我提出我的基于价值的教育的案例。由于我总体上对政策制定者认为证据在教育等专业实践方面可以和应该做什么的期望表示担忧，我的贡献主要是为了向教育工作者提供见解和论据，帮助他们抵制对证据在实践中的作用的无理期望以及无理干预行为。

关于"什么有效"的证据？

关于循证实践理念的讨论，可以从"证据"（evidence）一词本身 50
的含义中找到一个好的起点。《牛津词典》将证据定义为"表明一个
信念或命题是否正确或有效的一系列事实或信息"①。虽然证据与真
理问题有关，但重要的是要看到，在这个定义下，真理或谬误问题
使用的并不是证据本身。如果我们把知识定义为"正当的真实信
念"——这意味着某人要知道某件事必须是真的，它必须被认为是
真的，而且这个信念必须是正当的——那么证据在证明这种信念的
正当性方面起着关键作用。② 换言之，证据有助于证明某一特定信
念是真实的，在这方面，它的含义与"知识"一词的含义略有不同。
这不仅仅是语义游戏（尽管思考"基于证据的实践"和"基于知识的实
践"这两个概念的不同修辞效果是很有趣的），它揭示了一种可能
性，即作为证据的东西可以比真正的知识更广泛（例如，考虑证词
和证人报告在法庭案件中建立证据的作用）。它还表明，在证据和
真相之间没有机械的联系，而是需要判断作为证据提交的内容中某

---

① 《牛津当代英语袖珍词典》（*The Oxford Pocket Dictionary of Current English*），
2009，2009 年 9 月 15 日检索自哥伦比亚百科全书：http://www.encyclopedia.com/
doc/1O999-evidence. html. 。

② 是否有可能把知识想象成"正当的真实信念"则是另一回事。自从盖蒂尔（Getti-
er）（1963）提供了一些不算知识案例的正当的真实信念的例子以来，这个问题就一直是人
们讨论的话题。

一特定信念或命题的相对权重。

虽然所有这些在理论上可能是这样,但在实践中,事情往往会变得更粗略(另见 Hamruersley,2009)。在有关基于证据的实践的讨论中,"证据"通常只被认为是认知方面的,知识更具体地说是**真实的知识**。证据被进一步缩小为**科学**知识,被理解为通过科学研究产生的知识。实际上,研究的重点往往集中在一种特定的科学研究上,即**实验研究**,更具体地说,随机对照试验,因为它被认为是产生关于"什么有效"的确凿科学知识的唯一可靠的方法。这与强调"什么有效"这一理念本身是相关的,因为事实上,许多(如果不是所有的)职业都是按照发动变革的模式来运作的,目的是创造一种被认为是更好或更可取的局面。因此,专业干预是否会产生预期的"效果"是一个非常重要的问题,这就解释了为什么在关于循证实践的讨论中,"什么有效"问题起着核心作用。

然而,有三个问题需要审议。第一个问题,讨论的**认识论**维度与我们如何才能产生关于"什么有效"的知识有关,更具体地说,我们应该如何理解通过实验研究产生的知识的状况。第二个问题,讨论的**本体论**维度,这与干预措施和效果之间的联系是如何真正实现的问题有关,特别是如何使这种联系在社会领域发挥作用的问题有关。第三个问题,讨论的**实践**维度,关于专业实践在多大程度上可以称得上是建立在知识或证据的基础上的,以及我们是否应该从应用科学知识的角度来理解证据实践的进步。

认识论：表象的或交互性的

我认为，尽管"证据"这一概念有更确切的含义，但作为实践基础的证据通常被视为通过应用随机对照试验产生的关于"什么有效"的真实科学知识。这引发的一个问题是，在这种情况下，应该如何理解"真相"。虽然对循证实践的认识论维度关注相对较少，但讨论给人的印象是，循证实践的案例依赖于一种表象的认识论，在这种认识论中，真实的知识被视为"世界"中"事物"如何存在的准确表示。如果我们确实能够产生关于事物在世界上是如何存在的，以及关于事物之间联系的法则的真实而完整的知识，那么在某个时刻，我们应该可以肯定地说，当我们做 A 时，B 将遵循。我们在教育等领域还没有这样的知识，从这个角度来看，这不是一个**结构性**问题，而是一个**实践的**问题：它表明我们还没有进行充分的研究，以便能够概括构成教育实在的所有因素、方面和维度。如果我们能够在同一个方向上协调我们的研究工作并引导可用的资源，那么我们的论点通常是这样的（例如，见 Prenzel，2009），在某个时候，我们将拥有一个完美的教育实践证据基础，在同一逻辑上，我们将拥有任何其他实践领域的证据基础。

我不认为参与关于真实、客观、完整、完美的知识是否可能的抽象讨论很有成效，至少是因为在这种讨论中，赞成和反对的人往

52

往把他们的论点建立在类似的前提之上（见 Bernstein，1983；Biesta & Burbules，2003；Biesta 2005）。我更希望强调一个更实际的观点，它与表象认识论和实验方法论之间的张力有关。[①] 表象认识论将知识视为一幅独立于知识者且不受其影响的世界的图画，而约翰·杜威曾将此观点称为知识的"旁观者观点"（spectator view），但实验始终是对这个世界的**干预**。从表象的视角来看，这种干预只能被视为对世界的扭曲，这意味着它们对获得真正知识的可能性构成威胁。[②]摆脱这种困境的办法**不是**要怀疑实验在知识生成中的作用。毕竟，有人可能会说，构成现代技术基础的大部分（如果不是全部的话）知识都是通过实验和干预产生的。而摆脱这种困境的办法是要研究干预主义和实验方法对知识产生的认识论影响。这正是约翰·杜威在其关于知识和认识的著作中所走的路线。

在第七章中，我将更详细地讨论杜威的思想（另见 Biesta & Burbules，2003）。在这里，我想强调杜威观点的一个重要含义，这一含义对循证实践理念的认识论基础具有重要影响。关键是，如果我们在理解什么是知识以及如何获得知识的过程中重视实验，我们就必须放弃旁观者的知识观，即认为知识是对静态的、独立于观察者的现实的观察。更确切地说，我们可以通过实验获得的知识是

---

① 这是对约翰·杜威详细阐述的观点的一个非常简短的总结。例如，参见（Dewey，1929）。
② 这个问题也困扰着量子物理学的解释。

关于**关系**的知识，更具体地说，是关于（我们的）行为和（它们的）后果之间的关系的知识。与**表象**认识论相比，我们可以称为**交互性认识论**（Biesta & Burbules，2003）。在交互性认识论中，实验不再是对现实的歪曲，而是我们获得现实知识的一个不可或缺的要素。这样的知识并不是对"外面"静态世界的描述。在传统意义上，这种知识不是客观的，因为我们参与了它的生产。然而，它也不是仅仅由我们的头脑创造的知识，这意味着在传统意义上，它也不是主观的。相反，这是在我们的干预**作用**下的关于世界的知识。因此，认真对待实验就意味着我们必须放弃这样一种观念，即有可能获得关于现实的完整知识。这并不是因为我们的知识永远只能是与主观的实在近似——卡尔·波普尔（Karl Popper）所持的观点——而是因为"世界"总是在我们的干预下出现，因为"世界"因我们的干预而改变。杜威的实用主义与其说我们是一个已完成演化的宇宙的旁观者，倒不如说我们是一个在不断演化的宇宙中的参与者。

杜威的交互认识论很适合"什么是有效的"这个概念。毕竟，研究重点完全集中在行动和后果之间的关系上，这表明通过实验产生的知识确实可以告诉我们"什么是有效的"。但是，从表象认识论和交互性认识论的角度解读"什么是有效的"这一概念有一个关键的区别。然而，从表象认识论的角度来看，关于什么是有效的知识会延伸到**未来**。毕竟，如果我们对现实本身有完整的认识，这种知识在将来应该仍然有效。交互性的观点意味着我们所能知道的一切都是关于**过去发**

生的行为和后果之间的关系。表象认识论认为我们的知识为我们提供了**确定性**，而交互性认识论——一个能够重视实验的认识论——可以向我们展示过去**曾可能**发生的事情，但**不能保证过去可能发生的事情也会在未来发生**。

交互性认识论允许我们对过去有效的东西作出有根据的断言，而不是对未来什么东西有效的断言。当然，在我们试图处理此时此地的问题时，关于过去什么是有效的事物的知识是非常重要的，因为它可以为我们提供新的和不同的方法及假设来理解我们在此时此地遇到的问题。用杜威的话说，它可以使我们的行动和问题解决变得更明智。但是，在这个问题上，通过实验产生的证据不能为我们提供行动规则，更不用说行动指令了。① 我想指出的是，通过实验研究可以产生的知识与使用这些知识的方式之间的差距体现了循证实践的**知识缺陷**，这表明在我们所掌握的知识和我们必须采取行动的情况之间**一直**存在——结构上的，而不是实用主义上的——差距。在这方面，实践的所谓"知识基础"永远不会充分。这反过来又提出了一个问题，即如何在实践中弥合这一差距，我将在下面的讨论中回到这个问题上。

———————————

① 我想强调的是，我在这里提出的观点并不依赖于所谓的交互性认识论的优越性。我的观点不是一般的哲学观点，而是集中在如果我们应用一种能够认真对待实验的认识论，接下来会发生什么上。因此，交互性认识论的"案例"仅仅是基于试图克服实验方法论之间的紧张关系（如果不是矛盾的话），实验方法论在基于证据的实践的支持者的思想中起着中心作用，而他们用表象认识论这种方式产生的知识的优越性进行辩护。

本体论：因果关系还是复杂性？

对于循证实践的讨论，不仅有一个问题，即是否有可能对干预措施及其效果之间的关系有充分的了解，而且还有关于这些关系本身的问题。干预是如何起作用的？如何建立行动和效果之间的联系？简单的(现在我们应该说，简化了的)想法是假设干预是因果关系的产物，在最佳条件下，原因**必然**会产生效果。这是一种"灵丹妙药"的因果关系概念，如果可能的话，它只存在于非常特殊的条件下。正如我已经在第二章详细讨论过的，这种"强"因果关系只发生在以线性确定性方式运行的封闭系统中。然而，这正是教育所不具备的；教育是一个开放的、符号化、自反馈的系统。它通过意义和解释而不是以确定的方式发挥作用，它以自反馈的方式而不是以线性的方式发挥作用。

如前所述，这些来自系统理论和复杂性理论的观点是有帮助的，因为它们可以强调，虽然很多关于"什么有效"的讨论都是以封闭的确定性系统的假设为前提的，但社会现实——许多本应发展成循证实践的现实——不是一个封闭的确定性系统。换言之，很多关于"什么有效"的讨论，都是基于一种机械本体论的假设，如果真的如期发生了反而是一种例外，这不是人类互动领域的规范。这就是为什么"医学、农业和其他领域的非凡进步"被认为是"从业者接受证据成为实践的基础"的结果的原因之一，特别是来自随机对照测试的证据(Slavin，2002，p.16)，从教育这样的领域来看，这是不可能的，因为教育的交互作用与马铃薯生长或化学的作用有着**根本**的不同。[①]

我想把这称为循证实践的**功效缺陷**，这表明在社会领域，干预不会以机械或确定性的方式产生效果，而是通过一种结构上而非实用主义上**开放**的过程来产生效果，以至于即使"干预"和"效果"这些说法都有道理，它们之间的联系也是非线性的，最多是概率性的。

考虑到功效缺陷，人们可能想知道，在专业领域和更普遍的社会领域，事情都是如何实现的。这个问题的答案，正如我在第二章中所阐明的，叫作降低复杂性。降低复杂性涉及减少系统"元素"的可用行动选项的数量。快餐店是一个降低复杂性系统的好例子，因为顾客和员工的可用行动选择的数量大大减少，从而使快速和顺利的运作成为可能(这也解释了为什么世界上的大多数地方在快餐店里都可以很容易地买到汉堡包)。呼叫中心工作人员使用的协议是降低复杂性的另一个例子，尽管在这些情况下，好处往往不在于流程的速度，而在于其全面性，也就是说，确保所有方面的内容都以一种对呼叫中心工作人员有利的顺序进行覆盖，而不一定是对客户

———————————

① 这一论点可以理解为本体论或方法论。系统理论倾向于方法论的路线，认为现象的运作就像是封闭的、开放的或递归的系统。就因果关系的概念以及因果关系在社会中的作用而言，在本体论层面上区分因果本体论和社会本体论是很有帮助的。

有利的。正如我所说，学校是另一个在降低复杂性的条件下运行的系统的重要例子。

通过降低复杂性，复杂的开放系统通常会变得类似于不太开放的系统，也就是说，在这些系统中，输入和输出之间、行动和后果之间可能存在的联系会变少，因此，规律性和结构开始出现。[1] 看到这是如何实现的意味着这种工作以及工作量开始变得可见，为了创造一种秩序，让事情开始"运转"，以及行动和后果之间的联系在这种秩序中开始变得更可预测和更有保障。与其说这些规律是自然发生的现象，不如说它们实际上是字面意义上的社会结构。说这些是社会结构，不是说它们是好的，也不是说它们是坏的。虽然在某些情况下，降低复杂性是有益的，但在其他情况下，它可以起到抑制作用。由于任何试图减少系统内"元素"的可用行动选项数量的尝试都涉及权力的行使，因而降低复杂性首先应被理解为一种政治行为。

实践：应用抑或采纳？

57

降低复杂性的概念不仅对于理解为什么以及如何在例如教育的复杂开放系统中"有效"是很重要的。这也有助于挑战一种经常被用

---

[1] 在本章中我不能处理的一个问题是，在多大程度上试图减少某些复杂性的同时增加其他的复杂性。关于这个问题的有趣思考，见 Rasmussen，2010。

来论证教育等领域应该变得以证据为基础的说法。如上文所述，这一主张是"医学、农业和其他领域的非凡进步"是"从业者接受证据作为实践基础"的结果，特别是来自随机对照测试的证据（Slavin，2002，p. 16）。这引起的问题是，我们是否真的应该将这些领域的进展理解为科学知识的应用或采纳的结果。

其中一个最有趣的论据是由布鲁诺·拉图尔（Bruno Latour）提出的，他反对这种思考现代科学技术成功的方式，特别是在著作《法国的巴氏杀菌》（Latour，1988）和《科学行动》（Latour，1987）中。在这些书中，拉图尔对现代"技术科学"（techno-science）（拉图尔的话语）对现代社会影响的认识论理解进行了批判。在认识论的解释中，这一观点是"技术科学家"在他们的实验室中构建"事实和机器"，然后将其分配到实验室之外的世界。将事实和机器成功地传播到更广阔的世界，通常被视为这些事实和机器蕴含了知识的特殊性质的一个标志。

虽然拉图尔认为没有理由怀疑技术科学家能够在他们的实验室里创造出有效的事实和机器，虽然他也不想怀疑在某个特定的时刻，这些事实和机器出现在它们最初建造的地方以外的地方，但是他确实质疑这样的说法：我们应该把这理解为实验室开发的事实和机器在实验室之外的世界中的应用。拉图尔认为，相反，所发生的是外部世界向实验室条件的转变。他写道：

　　　　从来没有人见过实验室的事实被转移到外面，除非实
　　验室首先被带到一个"外部"的情况下，并且这种外部情况
　　被改变，以适应实验室的处方。（Latour，1983，p. 166）

　　在他关于巴斯德（Pasteur）的书中，拉图尔认为巴斯德方法的
成功并不是这种特殊技术在法国农村所有农场中应用的结果。巴斯
德的技术之所以能奏效，是因为对法国农场进行了改造，使它们更
接近开发该技术的实验室条件。正如拉图尔所说，只有在你尊重一
系列有限的实验室实践的条件下，你才能将巴斯德实验室的实践推
广到法国的每一个农场"（Latour，1983，p. 152）。"法国巴氏杀菌
法"（Latour，1988）只是现代科学如何改变现代世界的一个例子，
拉图尔一再辩称，这不是将事实和机器引入外部世界的结果，而是
外部世界转变成了实验室条件的一部分，在这样的环境下，事物可
以运作并成为真实的。

　　"这个巨大的事业使外部世界变为内部世界，其中的事实和机
器得以延存"，拉图尔将此称为**计量学**（Latour，1987，p. 251）。计
量学可以理解为为事实和机器创造"着陆带"的过程（p. 253）。这是
一种**社会**变革，是一种社会与技术科学网络的融合，从而使事实和
机器无须任何可见的努力就可以"旅行"。因此，正如拉图尔所解释
的那样，没有科学之外的东西，但是存在着狭长的网络，使得科学
事实的传播成为可能（Latour，1983，p. 167）。这一过程可能在医

学领域表现得最明显，因为许多医学知识和技术只能在非常特殊的条件下发挥作用。在某些情况下，可以由个人来创造这些条件。例如，指示某些药物不应与酒精混合使用，或者如果驾驶汽车，则不应使用该药物。但在其他情况下，医学知识和技术只能在医院更严格和更受限制的条件下发挥作用。从这个角度看，医院是实验室与世界之间的"中途之家"，使医学知识和技术得以发挥作用。我们可以认为医院、疗养院、全科医生等无所不在是一个有益的发展，但必须记住，所有这些都是一个更广泛的医疗—制药"综合体"的一部分，一个庞大的人、物、钱、职业、利益网络的综合体，通过其庞大的规模和数量，这些联系使得人们很难（如果不是不可能的话）以不同的方式看待健康和药物治疗，更重要的是，在这一领域采取不同的**做法**。

根据前面提到的另外两个缺陷，我建议将这一方面称为循证实践的**应用缺陷**。我的意思是，强调从应用科学知识的角度来思考现代科学对社会的影响——这是以证据为基础和以证据为参考的实践概念的核心——至少忽略了使这些知识的应用成为可能的重要方面（特别是需要开展改变外部世界的工作，**使**知识变得适用），甚至可能作为一种意识形态，使实践与特定网络的结合变得无形。所有这些都是特别重要的，因为这些发展往往限制了人们去做和思考其他事情的机会——这一点在为可替代的医疗系统创造机会的持续斗争中尤其明显（"可代替"这个词已经显示了被认为是"规范"的力量）。

从这里，我们可以转向规范性、权力和价值观的问题。

从循证教育到价值教育

我认为，关于循证实践的观点，我们可以确定三个缺陷：**知识缺陷**（关于行动和后果之间关系的知识只能为我们提供可能性，而不能提供确定性）、**功效缺陷**（在大多数情况下，如果不是所有的社会互动案例中，我们的过程是开放的、自反馈的系统，因而行动和后果之间的联系永远无法完全确定）和**应用缺陷**（实践可以通过应用科学知识而改变的想法使得工作都为了改变实践而做，知识能够在无形中发挥作用）。这三个缺陷已经引起了人们对循证实践的"项目"及其通常呈现方式的严重怀疑。此外，我还引入了**降低复杂性**的概念，以此来理解在开放递归符号系统中，如何使事物"有效"，也就是说，在行动和结果之间建立更多的"模式化"联系。这样做的方法是减少系统中可用的行动选项的数量。我已经强调了这会引起对**权力**的质疑。毕竟，问题是谁有权减少为谁采取行动的选择。它也提出了关于**规范性**的问题，因为任何有意降低复杂性的尝试都会表达出对向往的事物的特定偏好。所有这些在教育实践中都起着重要作用，因为教育不仅仅是关于学习或有关教师对学生的任何影响。教育是一种目的论的实践，是一种由目标或目的构成的实践，这意味着关于教育行动和安排的决定必须始终着眼于这些行动和安

60

排应该带来何种可取性(另见 Biesta，2010)。

教育的目的论特征为我们提供了一个重要的探讨理由，即为什么"什么有效"的问题(有关教育行动的有效性的问题)始终对于目的性问题而言是次要的。只有当我们提供了我们希望实现的目标时，我们才可以询问关于实现这种目标的可能的方式的问题，考虑到上述所有限制。鉴于证据最多可以为我们提供有关行动与后果之间**可能**存在的联系的信息，所以它完全位于教育手段的层面，基于证据的实践的想法是有问题的，因为如果证据是教育的唯一实践基础，教育实践将完全没有方向。这就是为什么在教育中价值至上的原因之一(另见 Ax & Ponte，2010)。

这种情况在那些循证实践的倡导者会支持不那么有力的**循证**实践的案例中也没有什么不同。问题依然是，如果我们希望使用有关行动和后果之间可能关系的任何知识，那么还有一个重要的判断，即我们是否希望应用这些知识，这也是一个价值判断(见 Smith，2006；Biesta，2009b)。这种价值判断有两个方面。有一个问题是，关于什么有效的信息的**普遍**可取性。这里的重点是，即使我们能够确定实现某一特定目的的最有效方式，我们可能决定不采取相应行动。例如，有重要的研究证据表明家庭环境对教育成绩的影响。然而，在大多数情况下，我们会发现仅仅为了提高孩子在某地获得教育成功的机会而把孩子从父母身边带走是不可取的。(当然，在有些情况下，我们确实认为这是最可取的做法，但这并不是出于对什么是有效的知识的掌握，而是由对什么是最可取的行动方式的复杂价值判断所决定的，在这个特别的例子中，需要仔细评估干预与不干预的潜在益处和潜在危害。）

就教育而言，不仅需要对特定行为方式的可取性作出一般性的价值判断，而且还需要我们称之为**教育性的**价值判断，即我们可以在教育中使用哪些手段来实现某些理想的结果。究其原因，在于教育中手段与目的之间存在内在的关系。我们在教育中使用的手段——我们的教学风格，我们试图促进某些行为和处事方式的方式——在目的上并不是中立的，但也有可能教会学生一些东西。惩罚就是一个很好的例子，因为我们很可能拥有强有力的证据来证明某些形式的惩罚是有效的，我们甚至可以得出这样的价值判断：在特定情况下使用惩罚，利大于弊。即便如此，我们可能仍然决定不使用惩罚，因为它会教给孩子们"在不得已而为之的情况下，为了强迫他人意愿或使某人得逞，诉诸武力是合适的且被允许的"（见Carr，1992，p. 249）——在我们是否应该在教育中使用奖励的问题上，这个问题的解决方式与此类似。

这些观点表明，价值观不仅是教育实践的一个要素，而且实际上是这些实践的**组成部分**。我们甚至可以说，如果没有价值规范的方向，没有关于什么是教育上可取的决定，没有明确的**教育**实践的**目的**，这些实践就根本不存在，至少它们不作为教育实践而存在。因此，只有根据关于教育实践的目的和宗旨作出决定，关于证据和有效性的问题才开始有意义。毕竟，如果我们不首先决定实践的目的或宗旨，就没有证据可以产生或收集。这并不是说，一旦做出这样的决定，证据就可以接管，因为在可以产生证据的范围内，它总是需要通过关于什么是教育上可取的决定来"过滤"。

然而，这一论点并不只是价值至上与事实至上之间的争论。我也在本章中试图争辩说，关于证据及其作为在实践中信息基础或来源的能力的许多主张都有缺陷，至少有问题。这不仅是因为能够产生的知识种类有限，而且限制了在多大程度上，在人类和社会领域的行动和后果之间可以有牢固和可靠的联系。也许循证实践最严重的问题是，事实上，几乎没有证据支持这样一种观点，即医药、农业等领域的转变确实是应用科学证据在这些领域"起作用"的结果。因此，迫切需要重新思考循证实践的"项目"，其中应考虑知识的局限性、社会互动的性质、事情可以变得有效的方式、参与这一活动的权力进程，以及最重要的构成社会的价值观和规范取向教育等做法。

供讨论和进一步审思的五个问题

1. 你如何确保你的研究结果和见解不只是作为"什么有效"的证据？

2. 什么样的知识观念会影响你的研究？它们在表象性的和交

互性的区别上处于什么位置？

3. 你是否能够通过减少复杂性（开放性、符号化、递归性）来确定你所调查的教育情境是如何产生的？

4. 你认为降低复杂性在多大程度上是合理和有益的，为什么？

5. 是否必须具备一些特定条件，以便你的研究成果能够与教育实践相关联？

/ 第四章　教育实践/

63　　　到目前为止，我以一种相当宽松和日常的方式将教育称为一种实践。但是，把教育看作一种实践实际上意味着什么？它包括什么？它还排除了什么？正确理解什么是实践，什么能使教育成为实践，以及知识、理解和判断在教育实践中起什么作用，对于教育研究至关重要，因为教育实践往往是教育研究的对象，如果研究想为教育的改进作出贡献，就需要反馈到教育实践中去。在 20 世纪 60 年代末和 70 年代初，美国课程学者约瑟夫·施瓦布（Joseph Schwab）发表了一系列论文，其中他为教育中的"实践性"提出了一个案例——一个关注教育作为一种实践，以及参与教育的实践性而非理论性的案例。施瓦布的观点是在课程研究的背景下阐述的，但与更广泛的教育研究领域相关。尽管在某些方面，当代教育研究与施瓦布时代的教育研究有很大的不同，但他对"实践"的分析和论证仍然具有很大的价值。在这一章中，我探讨了他的思想。

导论：一个为了实践的案例

1969 年，约瑟夫·施瓦布发表了四篇论文中的第一篇。这些论文主张转向课程研究中的"实践"概念和实践。在本章中，我将重新回顾这些论文中的第一篇，以探讨他的实践案例如今在多大程度上仍然有意义。为此，我回顾了施瓦布论点的**过去**的审议传统。在这里，我建议更明确地研究亚里士多德的作品，特别是他在制作与实践之间的区分以及他对永恒的知识与对可变的知识之间的区分，这可以强化施瓦布的观点，并且可以更好地了解教育所需的知识和判断力。关于课程研究和实践的**当前**状况，我重点介绍从施瓦布最初发表论文时起，发生变化的三种情况。这与教师专业判断的空间大大减少有关；对循证教育的呼声日益高涨，课程研究从日常教育的实际问题中脱颖而出。对于将课程研究和教育研究与日常教育实践重新联系起来的任务，特别是考虑到最近研究政策与实践界的转变，施瓦布概述的审议方法仍然有很多用处。因此，施瓦布的想法仍然与教育研究和实践的未来息息相关。

我阅读施瓦布的《实践：课程的语言》(*The Practical：A Language for Curriculum*)(Schwab，1969)[①]的时间大约是在它出版的五十年后，这本书提供了一个有趣的窗口，了解课程学术的**长期发**

64

[①] 我鼓励读者阅读施瓦布的原文。

展以及教育研究、政策和实践领域的更广泛趋势。在某些方面，施瓦布的论文给人的感觉是非常有话题性的，特别是它的雄心壮志，它立志要勾勒出一种对"技术主义者"的课程，以及仍在困扰当今教育实践的课程开发概念的审议性替代方案，尽管在某种程度上如今与施瓦布发表论文时的环境有所不同。他对课程领域的批判，尤其是"对未经检验的理论的依赖"（Schwab，2004，p. 103），可能在今天仍然适用，尽管，在当今看来主导该领域的各种理论间存在着重大差异。虽然他对课程领域危机的具体分析在当前的背景下可能不那么相关，但他对学科危机概念所采取的大多是库恩式的方法，这仍然提供了一系列有趣的问题来审视当今的课程学术和研究状况，与更广泛的教育研究相关的问题。同样令人耳目一新的是施瓦布对课程开发和改进的"经典"问题的关注，也就是说，我们学校应该教什么，用什么方式，教给谁，在什么情况下，以什么样的目的。（Reid，1999，p. 1）

事后看来，有些方面更成问题。我尤其想到了施瓦布坚持认为，有必要详细了解**"美国学校的现状和进展"**（Reid，p. 111，原文强调），以及他建议"显示学生培训的效果，获得了什么，没获得什么"。（Reid，p. 113）。从当代的角度来看，这可能要求人们全面了解"课程机器"的工作原理（它本身是审议方法中的一个不幸的隐喻）及其"作用"和"有效性"，包括学生离开学校后很长时间的影响。从当代的角度来看，当人们孤立地阅读时，这些论断很容易被视为技术主义形式的学校有效性研究的论据，实际上施瓦布是想要为之提供替代方法的。[①]

　　施瓦布的原始论文也有一些方面被误导了。在施瓦布用来阐明"理论的"（注：不是理论上的）和实践之间的区别的概念时，尤其如此。（正如我在下文中所说，他对实践的**主张**实际上比他**反对**理论的论据要有力得多。）他把法律作为实践的例子也存在一些问题，他似乎忽略了规范性和认知性的区别。而他的实际案例本身也明显缺乏理论化（另见 Van Manen，1977）。当然，我们必须记住，施瓦布1969 年的论文是四篇系列文章中的第一篇（见 Schwab，1969、1971、1973、1983）[②]，而这些论文又是更广泛作品的一部分（见Westbury & Wilkof，1978）。因此，虽然我们不应期望施瓦布立场的所有方面都能在第一篇论文中得到详细阐述，但它仍然充分代表了施瓦布的贡献，这就是为什么我将把它作为我反思的主要来源。

过去：教育中的审议传统

　　施瓦布在讨论中所涉及的关键问题——在我看来，这是课程学

---

　　① 有关施瓦布关于这些"危险的"作品的细微而同情的讨论，请参见 Reid，1999。

　　② 第一篇论文的较长版本于 1970 年由国家教育协会、教学研究中心出版，并于1978 年在 Westbury & Wilkof 出版社出版，287—321 页。在这一版本中，施瓦布提供了一个更详细的讨论实践，准实践和折中作为"三种运作模式"是要区别于"理论追求"（p. 288）。

术、教育理论和更广泛研究领域中持久存在的问题之一——是实践教育究竟是什么。这个问题是根据教育的实践"性质"提出的。在这里，我们发现了许多不同，教育是一个因果的、确定的输入和结果系统，与教育是一个开放的意义、解释和理解系统的不同；教育是一个匿名机器，还是教育是人类交往的不同；教育是一个生产过程，还是一个事件的不同。关于**实践**教育是什么样的问题也在教育实践中被提出，这使我们回到一个老问题：教育应该被理解为一门科学还是一门艺术（例如，见 James，1899，pp. 14-15）。

施瓦布明确选择后一种选项，强调实践"是与选择和行动有关的学科"，并将"实践的本质"描述为与"目的行为模式的维持和改进"有关（Schuab，2004，p. 112）。这就是为什么，不同于理论领域的重点是"有根据的结论"的产生，在实践领域的方向是"可辩护的决定"（p. 112）。因此，施瓦布将实践领域所需的知识描述为"关于行动的经验及其后果"的"累积的学问"（p. 111）。这反过来又使他得出这样一个观点：实践的方法是审议性的，而不是演绎的或归纳的，因为它涉及在具体情况下决定行动（p. 115）。在课程领域中，审议的最关键的方面是"既要考虑目的与手段，也要将他们看成是相互决定的"（p. 116）。因此，审议不仅是**技术性的**——它不仅仅是关于教育的手段——而且是**有目的的**，因为它还涉及教育行动的目的和宗旨，即"案例的迫切性"（p. 116）。对施瓦布来说，这也意味着，审议的目的不是选择**正确**的选项——他坚持认为，在实用领域，"没有这样的东西"——"而是最好的"(p. 116)。

除此之外，施瓦布认为——与杜威在《民主主义与教育》(见
Dewey，1966)关于民主的观点相同——因为审议需要考虑尽可能
广泛的备选方案，才能使其最有效，并使每个备选方案都能"在各
种各样的光线下"被看待(Schwab，2004，p. 116)，审议还要求"在
其组成成员之间形成一个新的群体和新的沟通方式"(p. 116)。因
此，施瓦布认为，需要消除一些障碍，包括教育专家之间的障碍
(他提到教育心理学家、哲学家、社会学家)；这些专家与教师，监
督者和学校管理者之间的障碍；以及不同课程科目之间的障碍(和
等级)，所有这些都是为了改善各方之间的沟通(p. 116)。

考虑到施瓦布阐述其实践案例的方式，值得注意的是，他没有
明确提及亚里士多德，而亚里士多德显然是审议传统的奠基人之
一，如果他不是奠基人的话，施瓦布也不会将他的案例置于其中。
(见 Dunne，1992；Reid，1999)这并不是说施瓦布的立场没有被亚
里士多德的思想所影响。很明显，这一点不仅可以在施瓦布的论文
中找到，而且在他的学术传记中也很明显(关于后者，另见 Levine，
2006 关于施瓦布的章节)。然而，更明确地探讨亚里士多德的论
点，可能会有助于施瓦布更清楚地区分两个方面，这两个方面是在
实用领域的利害关系，即制作的维度(亚里士多德称之为 poiesis)和
行动的维度(他称之为 praxis)，而这反过来又会帮助他在关键时刻
以更精确的方式强调实践领域中的不同类型的知识和判断。这也可

以帮助他提出一个更精确的反对理论的论据，在这种情况下，目标不是科学知识本身，而是一种特殊的科学知识，即与可变知识不同的永恒知识。我简单地谈谈这两点。

我们需要的关于制作的知识就是亚里士多德所说的 techne（τεχνη），通常被翻译成技艺（见 Aristotle，1980，p. 141）。技艺被理解为"如何做事的知识"（p. 141），是关于那些"非自身目的"的活动（p. 143）。这意味着技艺是要找到能够实现目标的东西。用施瓦布的话说，技艺是关于行为及其后果的知识（p. 111）。技艺包含有关我们使用的材料以及可以应用于这些材料的技术的知识。这绝不是仅遵循方法的问题。例如，如果我们打算制造一个马鞍，则需要对我们的常识在这块皮革、这匹马和这个骑马者上的应用作出判断。在教育中也是如此，在这种情况下，我们的判断总是与特定学生，特定时间点和特定情况有关。

而"制作"是关于"某物是如何形成的，它既可以存在也可以不存在，它的起源在于制造者而不是被制造的东西"（Aristotle，1980，p. 141），实践并不是关于事物的生产，而是关于可以被我们称为促进人类善的事情，正如亚里士多德所说，促进有利于"总体上的美好生活"的东西（p. 142）。这里的判断不是关于如何做某事（技艺的问题），而是关于"要做什么"（p. 142）。亚里士多德将其称为 phronesis(φρόνησις)，通常被翻译为实践智慧。①

技艺和实践智慧都需要判断，就此而言，它们显然属于"可辩驳的决定"而非"有根据的结论"（Schwab）。技艺和实践智慧在很大程度上与教育手段的审议与教育目的的讨论的差异相吻合。虽然就此而言，亚里士多德的区别是有帮助的，因为它突出了各种不同的判断的利害关系，而且以这种方式，亚里士多德本可以为施瓦布转向实践提供理论依据，施瓦布在强调有关教育事务的审议方面是正确的，他认为手段永远不能与关于目的的审议分开。这是因为在教育中，我们部署的手段从目的上讲永远不会保持中立，因为学生从我们的**所作所为**（甚至更多）和我们的**言论**中获益良多。（许多学生也很擅长发现两者之间的矛盾。）

亚里士多德能够帮助施瓦布论证的第二种方式，与亚里士多德在永恒领域——必然性领域，即"未生成和不可朽坏"的事物领域（Aristotle，1980，p.140）——和可变的领域之间所作的区分有关（p.141）。这种区别很重要，不仅是因为它提供了一个有用的词汇来描述教育的实在，即与可变的事物有关（与行动和后果有关），而不是与永恒不变的事物有关。同时他也区分了永恒的知识——亚里士多德称之为 episteme（ἐπιστήμη），通常翻译为科学知识（p.140）——和变量领域的知识与判断（技艺和实践智慧）之间的区

69

---

① 在施瓦布的论文中，"智慧"一词占据了显著的位置，尤其是在他关于实践、准实践和折中的讨论中，尽管他从未明确阐明"创造"和"实践"之间区别的重要性。

别。亚里士多德的区别的主要好处是，它强调了施瓦布所说的关于理论的大部分内容以及他在课程领域使用理论时所遇到的大多数问题，实际上是指理论作为科学知识（永恒的知识），而不是作为技艺和实践智慧的理论。以这种方式使用亚里士多德，一方面可以让施瓦布不像他在论文中那样"反理论"，另一方面也可以让他为我们在变量领域所需要的理论提出一个更积极的案例（另见 Biesta，Allan & Edwards，2011；Van Manen，1977）。

施瓦布在课程领域对理论的批判主要来自知识作为科学知识的概念（永恒的知识），也可以从他关于理论和表现的讨论中看出，因为他认为理论总是有选择性的（它们从一个特定的角度来看，一组特定的假设），它们作为表征必然是不完整的（"对实际行为的苍白和不完整的表述"，p. 111）。如果知识确实被理解为实在的表现，那么永恒知识和变量知识之间的区别就有意义了，然后施瓦布可能有一个观点，认为在行动领域，关于永恒的知识永远不够，因而需要"从另一个来源获得某种其他类型的知识"（p. 111）。

施瓦布首先从表象的角度构思理论，这一事实也导致了一些问题，因为他把法律作为一种适合于实践领域的知识/理论的例子。这里的重点并不是像施瓦布所说的那样，"法律的仆人必须彻底了解法律"（p. 112），而是与认知领域和规范领域之间的关键区别有关。"法律的仆人"需要了解的法律毕竟不是对法律现实的描述或表述，而是为法律判断提供指导的**处方**。因此，它们不是认知的，而是**规范**的。因此，施瓦布对法律的提及揭示出，在教育等人类实践中，绝不仅仅存在如何做事的技术问题，也存在着应当做什么的价值规范性问题，即目标是什么，正如我在前几章中已经详细讨论过的那样。

当下：有何不同？

关于施瓦布提出的主要观点，即课程需要从实践而不是理论的角度来探讨，我自然是倾向于同意。我认为施瓦布关于教育事业性质的直觉基本上是正确的，尽管他的陈述是毫无帮助的，尤其是因为他在理论和实践之间形成了过于强烈的对立。他关于实践的言论，基本上是正确的，尽管如果他更明确地提到亚里士多德，本能帮助他更精确地强调实践领域中的不同类型的判断和知识间的利害关系，并更明确地区分教育的制作和行动维度。问题出在施瓦布理论知识的概念里，他用此概念来构建论点，因为他似乎主要指的是**科学知识**，遵循亚里士多德的观点，这是一种与变量领域实际上没有任何关系的知识。因此，我倾向于得出这样的结论：实在主义的观点仍然存在，而且，多年来，由于其他学者的贡献，实践的力量得到了加强，他们从亚里士多德和更广泛的审议传统中获得了灵感（例如，见 Kessels & Korthagen，1996；Reid，1999；Coulter & Wiens，2002）。但其中一个关键问题是，这起案例在什么背景下仍然存在，而自从施瓦布最初发表这篇文章以来，情况已经发生了重大变化。我想指出三个重要的变化。

施瓦布关于实际"转向"的建议所产生的一个重要影响与教师判断的重要作用有关。毕竟，在教育等实践领域中，我们总是参与"一项在具体情况下采取行动的决定"(p. 115)，即对我们行动的具体手段和具体目的的审议和判断。施瓦布正确地指出，这种审议首先是具体的和情境性的，从这个意义上说，它根本上是"属于教师的"。然而，他也强调需要在更广泛的范围内进行审议（审议的公共层面），以便判断能够被分享、检验和集体支持。第一，在教师的判断方面，由于世界上许多国家的政治家和决策者对教育细节的空前干涉，在过去 20 年里，情况发生了重大变化（例如，见 Gewirtz，2001）。这种情况的发生经常与新自由主义问责制度的兴起有关，这种制度往往倾向于扭曲而不是支持教育实践和进程。

自上而下地规定教育的内容和形式（"什么"和"如何"）的兴起，大大减少了教师个人和集体作出判断的机会，反而把他们置于不断衡量教育"成果"的统治之下。经合组织和世界银行等超国家组织的进一步干预，给专业行动和判断的空间带来了额外的压力，我们也不应忘记，这种发展并非教育领域独有的，而是发生在许多其他专业领域（例如，见 Noordegraaf & Abma，2003；Noordegraaf，2007）。这引发的关键问题不仅在于如何在当前的政治背景下为实践者辩护，而且也在于实践者如何在一个截然不同的政治背景下对当代教育产生影响。后一点更重要，因为当前并不缺乏对教育政策趋势的批评，而是缺乏可行的替代方案。①

第二，施瓦布反对一种特殊形式的研究，这种研究在当时似乎主导着课程和教育学术。他的论据针对的是通常被称为实证研究的东西，尽管把它定性为科学性也许更好，也就是说，基于对"科学"力量的一种狭隘的信念。然而，自从施瓦布的论文发表后，教育和课程研究领域也发生了重大变化。有两个在一定程度上相反的趋势。特别是在英语国家，现在有大量的被称为定性研究的东西（尽管我认为称为解释性研究更准确；参见 Biesta，2010b），这并不是对"是"的宏大主张，以小规模的具体实践研究的形式，详细探讨了教育经验和解释的各个方面。虽然从某种意义上来说，这可以被看作施瓦布所呼吁的关于**"美国学校正在发生和已经发生的事情"**的知识（p. 111；原文中强调），但必须承认，施瓦布更注重更实践性的知识形式——关于教育行动和后果的知识，而不是追求描述和解释教育经验和实践。正是在这里，施瓦布的一些建议似乎更符合教育研究领域的第二次重大变化，即教育有效性调查的兴起，以及呼吁对"什么有效"进行科学研究，以便为教育实践提供证据基础，这是对前两章讨论的发展。

————

① 这并不是说完全没有这样的替代方案，也不是说全世界的教育政策都是以同一种（令人沮丧的）模式运作的。关于近期课程政策和实践中不同趋势的分析，以苏格兰卓越新课程为例：见 Priestley & Biesta，2013。关于教师能动性的动态——它的条件、限制和可能性——见 Priestley，Biesta & Robinson，2015。

这两种趋势：一方面是对教育的小规模解释性和人种学研究的激增；另一方面是对有效性和"什么有效"的研究的大力推动，提供了一个与施瓦布提出想法时截然不同的环境。虽然从表面上看，施瓦布所倡导的东西似乎在发展趋势的第二条道路上已经成为现实（有效性和"什么有效"方面），而对施瓦布立场的更细致解读表明，他实际上是在寻求第三种选择，即认真对待关于有效性的问题，但要实事求是，立足实际需要审议方法和目的的问题，而不是可以在研究层面解决的问题，然后变成教育实践的处方。①

第三，目前的情况与施瓦布写论文的时候有很大不同，这与课程学术领域本身的发展有关。从欧陆的角度看这个领域，我可以看出两种趋势。其中一个在北美特别普遍，但对这一领域具有全球影响的是重新概念化课程研究，使之远离学校教育背景下的课程开发和改进问题，转向更广泛地理解课程在传记、社会文化、历史和政治方面的内容（见 Pinar，1975；Pinar et al.，1995；Pinar，1999）。这种发展无疑加深了人们对课程复杂性的理解，因为它"发生"在学校和其他环境中，但在某些情况下，课程领域变成了一种文化研究的形式，据一些学者评论，这与它的"核心业务"失去了联系（例如，见 Westbury，2007）。尽管在课程和课程研究的重新概念化过程中，关键的问题之一就是这个领域的"核心业务"是什么，以及谁有权定义这个领域。

---

① 这也是里德（Reid，1999）对施瓦布的解读，我倾向于他的解读。

特别是在施瓦布的一些其他出版物中，他在非常具体的问题上阐述了自己的实践案例，即学校的课程开发应该如何组织，大学教授和大学教育的课程专家应该如何为这项任务作出贡献（另见Schwab，1983）。施瓦布关于实践的更一般的案例清楚地将重点放在"做"上，而不仅仅是对课程的"理解"，从这个意义上讲，它提供了一种不同于北美课程学术所采取的文化"转向"的方法。然而，施瓦布的方法似乎也不同于欧洲大陆课程领域发展得更为强劲的方式，即对学习和教学的技术问题的实证研究。在这里，课程学术似乎已经变成了"教与学"的研究，也变成了在某些圈子里被称为"学习科学"的领域。如果课程研究的重新概念化也许使这个领域更接近"为什么"之类的问题——从而走向实践领域，那么转向学习和教学的实证研究已经将这个领域主要转移到"如何"之类的问题上，从而转向了**制作**领域，尽管往往更多的是技术方面的野心，而不是亚里士多德的技艺。

施瓦布或者更准确地说，是施瓦布审议办法的更新版本，仍然可为两者之间的中间立场提供一个框架。这种立场一方面更关注课程开发和改进的实际情况，而不是转向理解课程的领域；另一方面，它更清楚地认识到教育手段和目的之间的内在关系，以及目的问题的重要性而不是转向学习科学的领域。如果在第一种情况下，现在在课程领域有太多的理论；在第二种情况下，理论肯定是太少了，这种情况可能会给施瓦布关于"对未经检验的理论的依赖"的主

74

张赋予新的意义。

未来：何去何从？

在我对施瓦布的论文以及他的作品所涉及的更广泛的审议传统的讨论中，我曾提出，实践转向为一些两极之间提供了许多的中间立场。施瓦布对课程的实践转向显然聚焦于课程开发和改进的实践情况，从这个意义上讲，它比那些更加注重理解而不是"做"课程的课程学术发展更接近于日常教育实践。但是，这并**不会**导致施瓦布只对教学的技术性感兴趣而不关心教育事业中不可避免地会涉及规范性问题的方法。换句话说，施瓦布"实践转向"的核心在于审议的方法，它为我们提供了重要的教育方面的提醒，以应对课程领域的最新发展，我们甚至可以将其称为教育"矫正"。

我之所以称其为教育矫正，是因为施瓦布的实践案例能够抓住许多教育过程和实践的关键方面。其中包括：（1）教育的实验性质，即教育行为从根本上对未来开放，并且始终以行为与可能后果之间的关系运作，而不是根据干预和预期效果的"逻辑"。（2）教育的目的性质，即与学习或"待在一起"不同，教育总是针对某事（让谁设定目标或应该设定目标的问题保持开放）。（3）教育永远不会（仅）与某些事物的产生（例如学习成果）有关，而是始终旨在带给人类福祉，或者用亚里士多德的话来说，就是"总体上良好的生活"（再次

75

让什么是人类的善，以及谁或应该由谁参与阐明人类的善的概念这些问题存而不论）。在所有这些方面，施瓦布的方法承认教育的"真实性"，却没有将教育作为有效干预的手段。

我还发现，施瓦布对实际问题的特别阐述吸引人的地方是他对**公共**审议层面的关注。在这里，他明确地提出了关于课程过程和实践的性质、形式和方向的问题，不是个人的品位和偏好，而是**公众**的水平，以及潜在的**民主**审议。因此，在施瓦布的手中，转向实践的课程学术并不认可师生之间无情境互动的浪漫理念，而是将其明确提升到集体、民主和政治的层面。课程研究的重新概念化对深化我们对课程作为一种"政治文本"的理解有很大的贡献（Pinar et al.，1995），施瓦布坚持需要公共形式的课程审议，将政治理解转变为政治行动，或者至少有这样做的潜力。鉴于世界上许多国家当代学校教育的政治背景正在发生变化，这一点尤其重要，这种政治背景不仅包括学校教育的政治，而且还包括教育研究的政治，这些论点我在前几章中已经讨论过了，并将在之后的章节中重温。

结语

总之，这对未来的课程学术和研究意味着什么？也许最简洁的说法是，施瓦布关于实践转向的案例促使我们（重新）与课程的**实施**联系起来，而不仅仅是理解上的，或者说完全是理解上的课程（当然，这不是要在行动和理解之间制造一种新的对立，而是指出理解而不参与行动的危险）。课程的实施需要双重强调。一方面，如前所述，它提出参与课程实施中**实施**的重要性；另一方面，它建议参与课程实施中**课程**的重要性，以避免将有关内容、目的和关系的关键教育问题分解为有关过程和技术的正式问题，特别是如果这种工作与教育目的问题完全脱节。这种学术需要明确的政治性，与其说是分析模式，不如说是运作模式。也就是说，它需要作为一种公共学术的形式来进行，这种学术能够促进公众对教育手段和最重要的教育目的的审议。虽然施瓦布的原文也许不是最复杂和最成功地阐述了课程审议的方法——这就是为什么我在前面强调了他的方法需要更新的地方和方式。尽管如此，它仍然是一个重要的提醒，提醒我们课程学术模式具有独特的教育性，无论是理论实质还是实践取向。

供讨论和进一步审思的五个问题

1. 教育很容易被称为实践。在本章中的理念和概念的帮助下，你如何识别实践的独特维度？

2. 看看你自己的研究，在区分永恒和变量的知识方面，你如何看待它的目标？

3. 在制作与实践的区别方面，你如何看待你的研究抱负？

4. 在你的研究中，什么样的课程观在发挥着作用？

5. 施瓦布认为，教育审议不仅仅是教师等个人的问题，还需要公开。你同意吗？这对你自己的研究意味着什么？

/ 第五章　教育研究的构造/

　　英语作为教育和其他领域研究的"通用语言"的不断崛起似乎表明，无论用什么语言谈论研究和做研究，研究在任何地方都大致相同。这似乎也表明，语言之间的翻译相对容易，英语是一种中性的渠道。英语的无所不在可能会给我们上述印象，但任何一个掌握多种语言的人都知道翻译不是那么容易的。任何一个对其他语境和背景中的教育实践和教育研究传统有了解的人，会意识到事情并非处处相同。这一章将集中讨论教育研究的两种"构造"，比较研究领域在英语世界（以英国为中心）与德语世界（以德国为中心）的发展方式。本章的目的首先是要表明，教育研究在不同的背景和环境下有着完全不同的研究结构。比较英美与欧洲大陆的研究结构也有助于明确它们各自的优缺点，有助于了解其自身的"盲点"。

导论

在英语世界中，教育研究通常被认为是对教育过程和实践的跨学科或多学科研究。因此，教育研究强烈依赖于不同学科的理论输入。历史上，四个最突出的学科是哲学、历史、心理学和社会学，它们各自的影响随着时间的推移而变化（见 McCulloch，2002）。虽然有人认为这种构造的影响近年来有所下降（例如，见 Bridges，2006），但它不仅为讨论教育研究的当下和未来提供了重要的参考框架（例如，见 Lawn & Furlong，2009；Pollard & Oancea，2010），而且仍然对该领域的社会组织产生重要影响（见 Lawn & Furlong，2007）。在这一章中，我将要提到的英美构造中，实际上缺少的是教育本身就是一门学术学科的理念。[①]在这方面与欧洲大陆，特别是德语世界教育研究的发展方式有很大不同。[②] 在欧洲大陆，教育学作为一门独立的学科，有着自己的理论形式和传统，发展得更加明确。

事实上，教育的学术研究在不同的背景下发展得如此不同，这

---

① 虽然我在这一章中的讨论将局限于英国教育研究领域的构建，也许更准确地说是英语，但我将讨论的领域的特殊结构在北美和其他英语国家也很突出。这是为什么我指的是英美结构而不是英式或美式的原因。

② 这种学习方法的影响不仅限于德语为主要语言或主要语言之一的国家，而且还影响了荷兰、比利时、丹麦、挪威、芬兰和波兰等国家。

不仅提出了一些重要的历史问题，这些事件导致了这些不同的构造（例如，见 Keiner，2002）。从当代的角度来看，还有一个问题，即可以从不同领域构造之间的对话中学到什么。① 在本章的范围内，我特别感兴趣的问题是，是否存在具有独特**教育意义**的理论和理论形式，而非它们是通过"其他"学科产生的。从学科性的角度来探讨这个问题，并不是因为我在寻找教育领域的某种"本质"，学科边界毕竟是社会历史的建构（见 Gieryn 1983，1999；Van Hilvoorde，2002），但因为这是描述教育学术研究不同结构的一种有用的方法，更重要的是，它在教育研究中更直接地关注使用理论资源的不同方式。

在下文中，我讨论了一个比较重建的议题，即英美和欧陆构造的教育研究领域。② 我将讨论这些结构特定历史的各个方面，并探讨以这些特定方式构思和建构教育研究的理由。这不仅使我能够强调这两种构造在哪里和如何不同，而且也使我有可能展示每一种构

---

① 我的灵感来自比约思·冈德姆（Bjorg Gundem）、斯蒂芬·霍普曼（Stefan Hopmann）和他的同事们进行的一个项目，该项目旨在将"教学论"的大陆传统与美国的课程研究传统进行比较（见 Gundem & Hopmann，1998）。

② 本章提出的两个结构本身应理解为构造。从某种意义上说，它们是理想的类型，旨在理解英国和德国教育研究发展方式的差异（在这两种情况下，这些发展都影响了其他国家和背景下教育学术研究的组织）。正如我将在本章的最后一节所说，这两种传统在某种程度上是不可比较的，因为它们是在根本不同的假设和观念的基础上运作的。这既不是说两个传统之间不可能交流，也不是说这两个传统是相互独立发展的。有充分的证据表明，这两种领域的结构之间存在着相互作用和联系，例如 19 世纪末英国和北美的草药学的流行，美国皮亚杰心理学的借鉴，以及冯特对实用主义的影响。从这个角度来看，也许更值得注意的是，教育研究以如此不同的方式发展。

造的具体之处，以及这些特殊性如何以及为什么对当代有关教育研究和教育理论可能在其中发挥作用的讨论产生影响。本章的主要目的是说明教育研究**可能**有不同的结构，并且已有不同的结构。

英美研究构造

正如麦卡洛克（McCulloch，2002）对 20 世纪 50 年代以来英国教育研究发展的叙述，在 20 世纪下半叶，一直存在以下观点：教育研究没有其他学科的贡献就无法进行。即使按照他的说法，这个时期的特征是学科的主导地位上升并随后下降（另见 Lawn & Furlong，2009）。为了了解这种特殊构造的历史、原因以及一些社会和社会学方面的内容，在本节中，我将重点介绍一个示例性案例，该案例是 1966 年由 J. W. 蒂布尔（J. W. Tibble）主编出版的一本书《教育研究》（*The Study of Education*）（Tibble，1966a）。麦卡洛克（McCulloch，2002，p. 106）评价该书为"可能是该时期最著名的著作，旨在促进学科研究方法的发展"。这是关注本本书案例的关键原因。麦卡洛克的重建表明，本书所呈现的教育研究的特殊概念可以在蒂布尔于 1966 年一书出版前后的许多主要出版物中以几乎相同的形式找到。

蒂布尔的书是有意义的，因为它确实是一个范例案例，将教育研究领域作为一个跨学科或多学科领域的构造，基于四个贡献学科

80

（Tibble，1966b，p. vii）或"基础"（Hirst，1966，p. 57）的理论输入：哲学、历史、心理学和社会学。这本书也很有趣，因为它为这种特殊的结构提供了明确的理论基础，认为教育理论的原则"完全取决于（基础学科）所提供知识的有效性"（Hirst，1996，p. 50）。这本书有意干预英国教育研究领域，以便给这个领域更多的结构和（学术）地位（另见McCulloch，2002）。《教育研究》是《学生教育图书馆》（*The Students Library of Education*）的中心卷，该丛书至少由17卷组成（如《教育研究》的纸质封面所示），由蒂布尔担任主编，编辑委员会有本·莫里斯（Ben Morris）、理查德·彼得斯（Richard Peters）、布莱恩·西蒙（Brain Simon）和威廉·泰勒（William Taylor）。他们分别是本书中心理学、哲学史和教育社会学章节的作者。蒂布尔自己的一章"教育研究的发展"（Tibble，1966c）特别有帮助，该章阐释了他对这套丛书本应干预情况的重建。

蒂布尔将教育研究牢牢地放在"教师的专业准备"的背景下（Tibble，1966c，p. 1）。尽管与教师教育的联系为教育研究提供了一个制度背景和明确的存在理由，但他强调，由于教师教育在大学内部的边缘地位，教师教育的主要制度背景是非大学教育学院，教育的发展"本身就是一门学科"受到了限制（Tibble，1966b，p. viii）。蒂布尔指出，除了少数例外（如威尔士和谢菲尔德），它在本科课程中没有地位（Tibble，1966c，p. 1），这也解释了为什么"在教育研究和有助于教育的基础学科之间建立密切联系"（p. 1）。蒂布尔认为，这个问题在高等学位课程的层面上重复出现，主要是因为教育作为一级学科不存在，从而否定了高等教育的基础（Tibble，1966c，p. 2）。

对于大学而言，这造成了一种情况，即他们必须接受具有良好教育资格的非大学毕业生。蒂布尔补充说，大多数大学都不接受非大学毕业生的学历，或"其他没有学习教育课程的学生超出最初的培训阶段"（p. 2）。这也是导致严重缺乏合格的教育讲师的主要原因之一（p. 2）。在《罗宾斯报告》（1963）之后，蒂布尔认为英国高等教育的发展是"当前有关教育研究的讨论的热潮"的主要原因（Tibble，1966c，p. 2），并称赞教育学院提供了讨论的主要动力。特别是教育四年制教育学士学位的发展，而不是教师的一年专业培训计划的发展，为关注教育的结构和形式以及研究的理论基础提供了背景。当然，这并不意味着没有对教育进行过研究，而蒂布尔的大部分章节都概述了自从在该国开展教师培训 120 年来这项研究的历史发展（p. 3）。

由此产生的情况是，直到 20 世纪的前几十年，教师教育主要是以实践为基础的，蒂布尔特别提到了所谓的"荷兰发展起来的教生制度"（p. 3），有些人认为这是好事，有些人则不这么认为。19世纪早期，安德鲁·贝尔（Andrew Bell）认为，教师的形成是"通过进入学校，了解学校发生的事情，从学费中获取一份酬薪，而不是通过讲座和抽象的指导"（Tibble，1966c，p. 4），贾德（Judd）在《英格兰、苏格兰和德国的教师培训》(*The Training of Teachers in England，Scotland and Germany*)(1914)一书中对教师教育中"相对忽视教育理论"表示遗憾，"有人想说，英格兰教师培训学院的教师们还没有意识到科学地处理学校组织的实际问题和在背诵过程中出现的实际问题的可能性"(Tibble，1966c，p. 5)。然而，蒂布尔指出，在世纪之交，更多的理论线索开始潜入"教育的雏形研究"(p. 6)。这些是方法研究、教育史研究，以及越来越多的教育心理学研究，这是一个在 20 世纪 20 年代更加稳固地确立为研究主题的领域(p. 10)，尽管《心理学教师手册》(*Teacher's Handbook of Psychology*)第一版已于 1886 年出版(p. 8)。

赫尔巴特的学习理论及其组织课程的"科学"处方被列为这一时期的"主流影响"(p. 9)，这也是因为约翰·亚当斯(John Adams)1897 年出版的一本书名为《赫尔巴特心理学的教育应用》(*The Herbartian Psychology Applied to Education*)的影响，亚当斯是伦敦日间教师培训学院第一任校长(p. 11)。另一本有影响力的书是珀西·纳恩(Percy Nunn)的《教育、数据和第一原则》(*Education，Data and First Principles*)(1920 年首次出版，1930 年第二版，1945 年第三版)，该书极大程度上基于威廉·麦克杜格尔(William McDougall)的"策动的"(Hormic)心理学(pp. 11-12)。人们对儿童研究也产生了新的兴趣，部分原因是进步教育的兴起，以及让·皮亚杰(Jean Piaget)的工作，他的著作于 1926 年被译为英语出版。在此期间，心理学仍然是教师教育的重要支柱(pp. 12-19)。

在教育研究的发展过程中，第二条主线是教育史，包括比较教育和伟大教育家的研究(p. 19)。蒂布尔记录了自 19 世纪末以来在这一领域的大量活动，包括出版书籍和将教育史纳入教师教育课程。他还指出，"历史提供了数量最多的具有历史研究领域第一学位的未来教师"，因而，与心理学、哲学和教育社会学相比，"不乏准备将其技能应用于教育史研究的历史学家"(pp. 20-21)。尽管如此，"在两年课程的巨大压力下，以教育心理学为主要重点，而历史研究相对较少"(p. 21)①。蒂布尔对教育史在四年制基础课程中的未来作用也不是很乐观，因为"一般来说，大学生更喜欢从理论到实践的短期应用最为显著的教育研究"，而且他们中的许多人"并不容易看到历史研究的意义"(p. 21)。

对蒂布尔来说，教育的社会学和教育哲学"几乎不属于历史调查的范围"，因为他们的历史"太近了"(p. 21)。这并不是说教师教育课程和项目没有注意到社会和哲学问题，但是蒂布尔的重建给人的印象是，教育社会学和教育哲学作为一个独立的研究领域的发展只是最近一段时间的事情(麦卡洛克 2002 年证实了这一点)。再加上心理学和教育史非常突出的地位，这解释了为什么在教师教育中

83

---

① 有趣的是，美国第一本教学研究手册出版于 1965 年，由于这本手册是由一位教育心理学家纳撒尼尔·盖奇(Nathaniel Gage，来自斯坦福大学，被美国教育研究协会任命为编辑)编辑的，本手册再次表明心理学是当时教育领域的首选主导基础学科。

缺乏对教育社会学和教育哲学的**系统**关注，尽管蒂布尔确实提到了诸如杜威、怀特海（Whitehead）、罗素（Russell）、坎帕格纳克（Campagnac）和纳恩（Nunn）等哲学家的著作被列入大学课程的书单(p. 24)。

在蒂布尔对英国教育研究发展的叙述中，有三点很突出。第一，教育研究的背景是教师教育。这说明教育领域主要是从学校和学校教育来理解的。第二，蒂布尔提供了教育研究的制度性再生产相对薄弱的一些原因。一是教育作为一门本科学科的缺失。这对高等学位工作的教育重点产生了负面影响（这类工作更像是通过促进的学科"框架"完成的），同时也影响到具有教育研究经验和专业知识的学术人员的可用性。第三，蒂布尔的讨论以四个促进学科为框架。其中，心理学对教师的教育影响最大，历史学排在第二位。在蒂布尔写作的时候，哲学和社会学只是作为教育研究的促进学科出现。

教育理论案例

虽然蒂布尔对教育研究的发展提供了一个历史的、在一定程度上也是社会学的解释，保罗·赫斯特（Paul Hirst）对《教育研究》的贡献采取了一种更系统的方法，因为他旨在为教育研究的特定结构提供一个理据。赫斯特在"教育理论"的标题下这样阐述，他认为对以下这些问题的讨论"得到的持续关注太少了"，例如"教育理论是什么，作为一种理论追求，试图达到什么样的目标？这个理论与教育实践有什么关系？它有什么样的理论结构，事实上，作为它的一部分的各种元素又是如何融入其中的呢？"（Hirst，1966，p.30）因此，"教育研究往往成为一系列不相关甚至相互竞争的理论追求，或是对教育问题的混乱讨论，哲学、心理学、社会学或历史等问题相互冲突"（p.30），与理查德·彼得斯在 1963 年将该领域描述为"无差别的泥团"（Peters，1963，p.273）相呼应。这就是为什么赫斯特致力于"一个更充分的框架，使这一领域的研究和教学得以发展"（Hirst，1966，p.30）。

赫斯特提出了一个非常具体、非常精确的教育理论概念。奥康纳（O'Connor，1957）将理论区分为"一套规则或一套指导或控制各种行为的规则的集合，或者作为一个单一假设或一组逻辑上相互关联的假设"（Hirst，1966，p.38），与奥康纳不同，赫斯特选择前者作为最恰当的教育理论概念。"教育理论首先应该被理解为理性教育实践的基本背景，而不是一种有限的可能的科学追求"（p.40）。究其原因，与他对理论在实践活动中的作用的看法有关。鉴于"就经验科学而言，理论是一系列经过实证检验的陈述，表达了我们对物质世界某些方面的理解"，施瓦布称之为"理论"，在"实践活动，如教育"的情况下，"理论"不是追求的最终结果，相反，它的构建是为了确定和指导活动（p.40）——接近施瓦布对"实践"的理解和论证。赫斯特因而区分了狭义和广义的教育理论。第一个问题涉及"理性的教育判断所依赖的科学知识体系",而第二个问题涉及"为教育实践建立一个合理原则体系的整个过程"(p.41)。

赫斯特并未争辩说这些理论观念中的一种是正确的,而是强调我们既不应该将教育理论还原为前一种观念(正如奥康纳所做的那样),也不应该将这两种类型的理论混为一谈。赫斯特还认为,"从更大的意义上说,理论的发展取决于教育实践,而不仅仅是科学研究的发展"(p.41),尽管后者是前者的重要组成部分。因此,广义上的教育理论不仅仅涉及对科学模型进行解释,**而是针对在实际活动领域中应做的事情形成合理的原则**(p.42,强调部分为后加),这再次相当接近施瓦布的"实践"案例。赫斯特认为,这就是为什么"科学理论"与"教育理论"之间的差异不是程度或规模上的,而是表达了对"情况是什么"和"情况应该是什么"的判断之间的逻辑差异(p.41),或者更确切地说,关于"在教育活动中应该做什么"(p.53)。因此,赫斯特得出结论,"在道德知识下表征这些理论有很多话要说",因为他认为"对教育目标进行价值判断"是一项基本的理论任务(p.52),但不是一般意义上的,而是实践意义上的"此时此地"的用语。

因此,赫斯特将教育理论的概念表达为实践理论的一种形式,其目的不是产生科学真理,而是发展合理的教育行动原则。在这种幌子下,教育理论在"[哲学],历史社会理论,心理学理论等"

(p. 33)的贡献与教育实践的贡献之间进行调和。这种观点有几个重要的含义。一个是教育理论不仅仅是事实知识的派生，因为事实知识本身永远不能为应该做的事情提供充分的理由。从这个意义上讲，我们可以说教育理论的资源是综合的，因为它们由"出于经验、哲学、道德或其他逻辑类型"的教育原理的原因组成（p. 51）。这也意味着，教育理论不是"在本质上是哲学的最后分析"（p. 30），因为哲学本身无法提供产生和证明教育行动原则所需的一切。它只能提供一种理由来告知此类原则。

86

　　然而，最有趣的讨论来自赫斯特的主张，即教育行动原则的有效性所关注的"除了这些［理由］外，没有任何东西是"教育性的"（p. 51）。他认为，提供教育原则的原因必须仅根据其所属学科的标准来判断。"必须证明其心理原因能够支持该科学的严格标准。同样，在每种情况下，都必须根据相关学科的标准来判断所诉诸的历史，哲学或其他真理"（p. 51）。这是赫斯特声称教育理论不是而且不可能是一门"自治学科"的本质（p. 51），因为它除了通过"基础"学科（有关此术语，请参见 p. 57）产生的东西之外，没有产生对教育的独特理解形式。教育理论的原则"完全取决于［基础学科］贡献的知识的有效性"（p. 50）。赫斯特一方面通过论证教育理论本身"不是知识的自主'形式'或自主学科来总结他的观点。它不包含逻辑特征独特的概念结构，也不需要独特的有效性检验"；另一方面，教育原理"完全可以通过直接吸引各种形式的知识（科学、哲学、历史等)来证明其合理性。这些形式的知识，不需要理论上的综合"
（p.55）。

赫斯特的教育理论概念为英美教育研究领域的构造提供了有力的依据，这不仅是因为它否定了教育理论的自主学科地位，而且（出于这个原因）它定位了所有"严谨的工作"要在基础学科中"根据自己的重要准则进行工作"（p.55）。因此，它必然使教育研究成为对教育现象的**跨学科**或**多学科**的研究，而教育理论本身对此并没有作出认知上的贡献。反过来，这就是它在其他学科中缺乏学科地位的原因。蒂布尔在 1971 年出版的一本书《教育研究导论》（*An Introduction to the Study of Education*）（Tibble，1971a）中以以下方式总结了这一观点：

> 很明显，教育是一门领域性学科，而不是一门基础学科；没有明显的"教育"思维方式；在研究教育时，人们是用心理学、历史、社会学或哲学的思维方式来揭示人类学习领域的某些问题。（Tibble，1971b，p.16）

当我们从这里把注意力转向欧洲大陆这一领域的发展时，就会出现一幅截然不同的景象。

欧洲大陆的研究构造

关于教育研究领域的大陆构造，首先要提到的是语言——假设在大陆构造中存在"教育研究领域"这样的东西，在某种意义上已经是一种误解。而在英语中，"教育"一词暗示着某种概念上的统一，德语中至少有两个不同的词来指代研究**对象**——"Erziehung"（教育）①和"Bildung"（教养或教化）②，还有一些不同的词指代"Erziehung"和"Bildung"的研究，例如"Pädagogik"（教育学）③、"Didaktik"（教学论）④，"Erziehungswissenschaft"（教育科学）⑤或"Erziehungswissenschaften"（教育科学复数）、"Bildungswissenschaft"和"Bildungswissenschaften"（复数）。虽然"Erziehung"和"Bildung"不是完全独立的概念，但它们确实代表了教育过程和实践的不同方面和方法。出于篇幅的原因，我将在下文中重点介绍"Erziehung"和"Pädagogik"。

"Erziehung"的概念比"Bildung"要年轻一些，奥尔克斯（Oelkers，2001，p.30）解释说，"Erziehung"只是在宗教改革以后才被用作德语中的名词。与路德（Luther）一起，"Erziehung"指的是以

---

① 通常译为"教育"。——译者注
② 通常译为"教养"或"教化"，在不与 Erziehung 并论时，Bildung 也依照语境常被译为"教育"。——译者注
③ 通常译为"教育学"。——译者注
④ 通常译为"教学论"。——译者注
⑤ 通常译为"教育科学"。——译者注

某种方式影响人的灵魂，从而产生一种美德人格的影响，最初是从基督教美德的角度来理解的，但后来又扩大到包括世俗美德（p. 31）。虽然这是"教育"概念史上的中心思想。奥尔克斯强调"Erziehung"这个词并不是指一个单一的现实。例如，"Erziehung"可以用于过程、机构、情况或目标（p. 24），可以被描述为对话或行动、交流、影响或发展、过程或产品、限制或扩大可能性等（p. 33）。把"Erziehung"一词的不同用法统一起来的是，某些影响会产生一定的效果——尽管人们对"Erziehung"本应带来的影响能在多大程度上得到遏制和控制，存在着广泛的不同看法（Oelkers，2001，第 1 章）。这就是为什么奥尔克斯认为"Erziehung"总是包含着对其功效的某种"希望或期望"，尽管事实上"Erziehung"经常无法实现它所设定的目标（p. 32）（另见 Oelkers，1993），因为，正如本书前面所讨论的，"Erziehung"与其效果之间的关系不是因果关系。

在关于"Erziehung"的含义、内容和范围的多种观点中，奥尔克斯指出了"Erziehung"**理论**的三个共同特点（p. 255）：第一，所有的"Erziehung"理论都以道德为中心；第二，它们指的是人与人之间的互动（"Personen erziehen andre Personen"——人教育他人）；第三是"Erziehung"与不对称关系有关，尤其是成人与儿童之间，以及教师与学生之间。接着，奥尔克斯认为，所有的"教育"理论都应该包括以下三个方面：对"教育"的**目的**进行界定，对"教育"的过

程进行叙述，对"教育"的**对象**进行概念界定(p. 263)。

　　这个简短的叙述已经显示了英美和大陆的教育研究领域的一个重要区别，在大陆构造中，教育理论不是从"其他"学科和他们**对**教育的观点出发，而是被描述成一个独立的领域，一个涉及"教育"的定义问题和通过关注"教育"的目标、过程和对象来理论化"教育"的领域。当然，奥尔克斯的重建并不是独一无二的。例如，格罗索夫(Groothoff，1973)对"Erziehung"给出了一个类似的定义，一方面包括对成为人(Menschwerdung)过程的帮助，另一方面任何成为社会生活一部分的帮助(见 Groothoff，1973，p. 73)。然而，"教育"可以理解为社会的一种功能，例如，威廉·狄尔泰对"教育"的看法(p. 73)强调，在当代社会中，"教育"不能局限于对现有社会文化秩序的适应，还需要对受教育者的思想和行动的独立性进行预判。换言之，它必须包括一种走向成熟的方向，或者，用更具体的德语术语，与英语中的"自主"(autonomy)概念相呼应，它必须预见到受教育者的"成年"(Mündigkeit)。[①]

　　在这样的背景下，格罗索夫将其描述为"Erziehung"的概念根源在于启蒙运动(另见 Biesta，2006)，格罗索夫认为"Erziehung"的**理论**需要包含以下要素：(1)成为人的理论；(2)人际互动的理论；(3)解放学习理论；(4)当代社会生活及其对未来的展望；(5)教育

89

---

　　① 格罗索夫(Groothoff)在这里暗示的区别，映射到我在本书前面介绍的教育目的的三维模型中，社会化和主体化之间的区别。

目的和手段及其相互关系的理论；（6）"教育"不同领域和制度背景下的具体目的和手段的说明(p.74)。格罗索夫认为，这种理论可以在弗里德里希·施莱尔马赫(Friedrich Schleiermacher)的作品中找到，在较小程度上也可以在威廉·狄尔泰的作品中找到(p.74)。格罗索夫在1973年撰文认为，在我们这个时代，这样一个包罗万象的教育理论已经不可能了，这不仅是因为"教育"（Erziehung）的领域变得更加复杂，也因为社会对自身失去了信心。因此，格罗索夫提出了"Pädagogik"领域，即"Erziehung"的"科学"①，作为一个更为零碎的领域，个体理论家致力于教育理论化的各个方面，而不是他们都参与被认为是"Erziehung"理论一部分的所有方面。

90 关于"Pädagogik"的学科

"Erziehung"被理解为目的论，即面向一个目的或"telos"，而"Erziehung"所承载的价值总是涉及目标和目的，因而需要决定哪些目标和目的被认为是可取的。在教育的手段和目的方面，正确的教育方式问题是教育实践的中心问题。柯尼格(König，1975)认为，至少在20世纪初，这也是教育科学研究的指导问题。② 因此，

---

① 我把科学放在引号里是因为英语单词 science 并不能完全翻译德语中"Wissenschaft"的意思，主要是因为"Wissenschaft"包含了自然科学和人文科学。

② 请注意，在德语中，"科学"的概念并不局限于自然科学。

"Erziehung"的理论家们明确地将"Pädagogik"视为一门价值**规范性**学科，并将其视为他们的任务，即阐明教育目标和制定教育实践指南（见 König，1975，p. 34）。在这一传统中，工作的特点是有志于**阐明最终的**教育目标，更重要的是，被认为是普遍有效的教育目标。柯尼格讨论了一系列旨在阐明这种普遍目标的不同尝试，例如基于价值哲学的神学［马克斯·舍勒（Max Scheler）和尼古拉·哈特曼（Nicolai Hartmann）的著作］、一般道德惯例或实践哲学［赫尔巴特（Herbart）］。这表明"Pädagogik"不仅局限于教育目标的制定，而且还包含了这些目标的正当性。

　　"Pädagogik"这个特殊的概念（在文献中被称为"Pädagogik"的规范性概念），通常作为该领域发展的第一个阶段出现。有些人甚至将其描述为一个前阶段，认为"Pädagogik"是在克服了与特定规范体系和思想流派的联系之后才作为一门科学学科走向成熟的。[①]这是一个传统的中心思想，后来被称为"geisteswissenschaftliche Pädagogik"（精神科学教育学）。"Pädagogik"是一门解释学科学，是由威廉·狄尔泰提出的。迪尔泰认为，研究自然现象和研究社会历史现象有根本区别。自然现象的世界是一个因果的世界，因而可以说明，而社会历史世界是一个人类追求目标和计划行动以实现这些目标的世界。因此，研究社会历史世界的主要目的应该是澄清人们追求的目标。

91

---

① 请再次注意，"科学"一词的含义应比英语中的科学概念更为宽泛。

狄尔泰认为，这不是一个说明性问题，而是需要理解。此外，这种理解不能通过"外部"的观察而产生，而需要解释和内部视角。由于教育是一种彻底的社会历史现象，因而狄尔泰认为，"Pädagogik"必须被视为"Geisteswissenschaft"（精神科学）。这种"精神科学教育学"的主要任务是解释教育实践，以便从每个人的角度理解教育实践。狄尔泰设计的"精神科学教育学"意味着明确拒绝"规范的 Pädagogik"，或者更准确地说，它意味着拒绝"规范的 Pädagogik"的雄心壮志，即阐明**普遍**或**外部**的教育目标（p. 99）。对狄尔泰来说，教育的目标总是相对于和内在于特定的社会历史形态。这意味着对狄尔泰而言，"Pädagogik"依然是一门涉及价值的规范性学科，但是一个带有解释学结构的学科，旨在对隐含于特定教育实践中的目的和结果给予澄清，而不是执行规定这种目的和结果的任务。

狄尔泰的思想为 20 世纪德国第一代的"精神科学教育学"发展提供了参考。经过马克斯·弗里森-克勒（Max Frischeisen-Köhler）、赫尔曼·诺尔（Herman Nohl）、爱德华德·斯普拉格（Eduard Spranger）、奥托·弗里德里希·博尔诺（Otto-Friedrich Bollnow）、威廉·弗利特纳（Wilhelm Flitner）、埃里希·温尼格（Erich Weniger）和西奥多·利特（Theodor Litt）等教育家的努力，"精神科学教育学"成为教育科学研究的主要"范式"，不仅在德国——德国的影响一直持续到 20 世纪 60 年代（见 Wulf，1978，p. 15）——而且在直接受德国传统影响的国家。规范性"Pädagogik"的目的是阐述教育的普遍性目标",而"geisteswissenschaftliche Pädagogik"的目的则是阐述与特定教育情境和实践有关的目标。

"精神科学教育学"并不认为自己是一门理论学科,而是一门实践学科:一门关于和为了教育实践的学科。"Pädagogik"与实践之间的关系是用解释学的术语来理解的:其主要任务是澄清教育实 92 践,以期促进教育实践的改进(见 König,1975,p. 112;Wulf,1978,p. 17)。澄清的任务不仅包括分析和理解,以便确定在特定教育实践中行动的目的(狄尔泰的"方案"),而且还应制定教育实践的规范性指南,即关于在特定情况下采取正确行动的理念(见König,1975,p. 118)。正是沿着这些思路,"精神科学教育学"旨在促进教育实践的改进。

尽管"精神科学教育学"的理论家们反对普遍教育目标的观点,但他们确实认为"Pädagogik"是固有的规范,旨在发展关于在特定教育环境和情况下采取正确行动的思想。"精神科学教育学"的规范性与"精神科学教育学"可能是最有趣的方面之一密切相关,即教育实践的相对自主性和"Pädagogik"作为教育的科学和为了教育的科学。

"Pädagogik"的相对自主性首先与"Pädagogik"从对伦理学和神学(这是规范性"Pädagogik"的两个重要来源)以及心理学(在赫尔巴特版本的规范性"Pädagogik"中扮演重要角色)的依赖中脱离的意图

有关，以便能够将"Pädagogik"建立为独立的学术学科（见 Wulf，1978，p. 35）。为此，精神科学教育学家把教育学自主性与教育实践相联系。这里的关键思想是"Pädagogik"保护教育领域——通过这一领域更广泛地说是儿童的领域——不受来自教会、国家或经济等社会力量的主张的影响（见 Wulf，1978，pp. 17，35）。因此，"Pädagogik"作为一门学术学科的自主性，是以一种特殊的教育兴趣来阐述的，"精神科学教育学"的理论家将其理解为对儿童在某种程度上的自决权的兴趣(p. 36)。"精神科学教育学"的学科身份是以特定的教育兴趣来表达的，这是为什么"Pädagogik"至少在"精神科学教育学"的理论家看来是一门规范性学科的进一步原因，尽管它对致力于教育实践的自主性和儿童的自决权到底意味着什么，持开放态度。

93

　　"精神科学教育学"之所以对本章的讨论很有意义，是因为它提出了一套关于"Pädagogik"如何以及为什么可以被理解为一门学术学科本身的明确的观点。这并不是说"精神科学教育学"是该领域组织和构思的唯一方式，尽管在德国传统中，它仍然是第一次尝试将"Pädagogik"打造成一门独立的学术学科，而不是依赖于其他学科（如心理学）或价值体系（如神学或伦理学）。尽管"精神科学教育学"的全盛时期已经结束，部分是由于实证研究形式的出现，部分是由于法兰克福学派批判理论的影响，但"精神科学教育学"被提上议事日程的特殊问题仍然在当代讨论中发挥着重要作用（例如，见 Oelkers，

2001；Benner，2005）。

讨论

前面的探索揭示了研究领域的两种构造之间的一些有趣的差异。同时也表明，学科与学科性的问题在教育学术研究的构想与建构的不同方式中扮演着重要的角色。英美教育构造研究被视为一个跨学科或多学科的领域，而"精神科学教育学"的主要目标是开发"Pädagogik"作为一门学科本身的案例。赫斯特明确否认教育理论可以是一门自主的学科，原因是教育理论不能产生任何关于教育的独特理解，而是完全依赖于通过"基础"学科产生的知识，"精神科学教育学"的理论家提出了一个"Pädagogik"自治的有力理由。有趣的是，他们并没有根据特定的研究对象，而是基于特定的**兴趣**，主张"Pädagogik"的学科自治。因此，英美教育研究的身份可以被描述为**客观的**，因为它是基于一个特定的研究对象（教育），而"Pädagogik"的身份可以被描述为对它基于特定的兴趣。 *94*

在这种情况下，需要注意的是，一门学科的特性是基于价值规范性兴趣而不是研究对象的观点并不是大陆"Pädagogik"所特有的。虽然学术学科通常以其特定的研究对象来表现自己，但不应忘记，在学术学科与特定研究对象相联系的过程中，往往投入了大量的精力。也不应忘记，至少有一些"既定"的学术学科，其身份更多地来自他们的兴趣而不是他们的研究对象，例如，医学学科所特有的对健康的兴趣，或法律学科对司法的兴趣。

因此，尽管在该领域的两种构造之间存在重要的差异（也以教育研究和"Pädagogik"的不同社会组织为例），但在两种构造之间至少有一个显著的相似之处——至少如本章所述——赫斯特的教育理论概念和"精神科学教育学"传统中的"Pädagogik"概念都同意教育科学不能回避规范性问题，即关于什么才算好的教育的问题。按照"精神科学教育学"的传统，其愿望是制定有关教育实践中正确行为方式的指导方针，正如赫斯特所说的，关键思想是教育理论应产生关于"教育活动中应做的事情"的思想（Hirst，1966，p.53）。

两种构造之间的另一个重要区别与教育研究的产生和发展背景有关。教育研究领域主要是在教师教育的背景下发展的，因而与学校教育有着紧密的联系。这与"Pädagogik"的历史大不相同，"Pädagogik"与教学和学校教育的问题并没有明确的或排他的联系，而是具有更广泛的职权范围，该领域首先关注的是"成为人"（Menschwerdung）的问题。尽管这本身并不能解释这两种构造之间的差异，但确实凸显了这样一个事实，即在这些不同背景下开展教育研究的主导兴趣是不同的。

尽管本章的主要目的是提供对教育学术研究的两种截然不同构造的洞察，但是比较这两种构造还可以看到每种的具体含义（而不通过比较，则很难看得出）。我认为，最显著的差异与我们所谓的教育理论的作用和地位有关。从欧陆的角度来看，值得注意的是，教育从其自身按其形式具有的理论和理论化以作为一个学科的观念，在英美世界中几乎完全没有。这不仅是历史事实，而且这种情况一直持续到今天。其中一个典型的例子——当然，从欧陆角度来看是非同寻常的——是马丁·劳恩（Martin Lawn）和约翰·弗隆（John Furlong）编辑的《牛津教育评论》（*Oxford Review of Education*）（第35卷，第5期）的最新特刊，名为《教育学学科在英国：应对危机》。尽管该议题记录了教育学科的兴衰，从这个角度描绘了教育学学科在英国当代教育研究中的地位令人担忧，但它仍然完全以英美体系为框架进行讨论。尽管除了心理学、社会学、历史学和教育哲学等方面的贡献外，还增加了许多学科，如有关于经济、地理和比较教育的论文，但它没有对学科本身的构造提出任何疑问，无论是回顾过去还是展望未来。尽管问题的焦点是英国的情况，但值得注意的是，特别是在国际化时代，教育理论的思想是对其他学科的贡献的补充，而教育理论本身作为一门学科从来没有被真正认为是对所谓"危机"的可能回应。

当然，该比较也可以沿相反的方向进行。从这个角度来看，我们可以说大陆组织的构造是基于教育这一具有自身形式的理论和理论化的自治学科的思想而引人注目的。在最近的一次交流中，这种观点被认为是非凡的，并且在某种程度上甚至从英美两国的观点来看甚至是"不可能的"，这与"精神科学教育学"的支持者提出的主要论点之一有关，即"Pädagogik"本身就是一门学科。这里的论点是，尽管其他学科可以从自己的角度研究教育过程和实践，但它们没有将教育的实在捕捉为教育性实在的手段。解决这一困境的一种方法是，尽管教育心理学会问有关教育的心理学问题，教育史会问有关教育的历史问题，教育哲学会问有关教育的哲学问题，以及教育社会学会问有关教育的社会学问题。但依然存在的问题是谁会问有关教育的**教育**性问题。从欧陆构造来看，关于教育的教育性问题不同于心理学、社会学、历史或哲学问题的观点是一个完全有意义的想法，但本章较早版本的审阅者认为它是完全荒谬的，认为这与人们可以问"有关烹饪的烹饪问题"的建议是相同的道理。

然而，有一个重要的观点认为，这种教育观点不仅是可能的，而且实际上是研究教育所必需的。这与教育研究的对象问题有关。在英美构造中，它假定该对象为"那里"，并且很容易识别什么是"教育"及其发生的地点。但这是非常容易令人误解的，因为如果一个人走进一所学校来学习那里发生的教育，那么只有当人们对什么**才算是**教育有所了解时，才能这样做。这实际上比看起来要困难得多，因为如果要说教育是师生之间的互动，那么人们仍然必须具有其他标准来确定师生是谁，并且还必须解决这一问题：这些人之间的**任何**互动都可以算作教育呢，还是仅将针对某些"结果"的互动算作教育。因此，有很多问题需要提出，并且在某些时候必须包括价值规范性问题，例如，为了将教育（最终针对学生的独立性）与灌输

（旨在防止任何学生独立思考和做的事情）区分开来。不管人们使用哪种学科，对教育的研究都不能没有教育的定义而进行，而且这些定义不可避免地是价值规范性的。因此，我想表明，这很可能是英美构造的盲点，它暗示了为什么两种构造进行更有成效的对话可能非常迫切。

供讨论和进一步审思的五个问题：

1. 你会将你的研究归类为教育研究吗？根据本章介绍的观点，这意味着什么？

2. 你的研究对象是什么？你如何将其识别为可研究对象。

3. 哪些学科在你的研究中发挥着作用？它们扮演着什么角色？

4. 你是否同意赫斯特关于教育不能成为一门独立的学术学科的观点？

5. 你认为在其他学术学科中确立教育自己的位置对教育很重要，还是真的不相关？

/ 第六章　教育、测量与民主/

　　　教育研究不能通过直接干预学校、学院、大学以及其他教育环境和实践而改善教育，教育研究者必须牢记教育实践首先并且主要是教育工作者（教师和其他教育专业人员）的工作结果。没有这些实践者，教育就无从谈起，因而可以说，提高教育水平始终需要与他们协同配合。但是，教育研究仍然可以通过两种方式促进教育改善：一种方式是提出教育规范，即认为教育研究应该告诉教育从业人员他们应该做什么，另一种方式旨在促进教育实践者的理解和洞察力，从而可以提高他们在具体工作实践中的思考和判断能力。换句话说，研究既可能降低也可能增强教育工作者的专业能动性，从而提高或者限制、削弱教育专业的民主性。在本章中，我将通过分析教育中专业判断和行动范围的变化方式来探讨这些更广泛的问题，并指出其中的挑战和机遇。

导论：测量时代的教育

在本章中，我将探讨当代测量文化对作为专业领域的教育的影响。我特别关注专业主义的民主层面，其中既包括教育专业行动自身的民主性，也包括教育作为一种专业，如何支持更广泛的民主事业。我将展示最初专业主义的权威观念，如何在 20 世纪六七十年代开始朝着更加民主和更具包容性的专业行动形式发展。然后，我将说明在福利国家的转变和新自由主义治理形式兴起之后，专业主义的民主层面是如何扭曲的。我讨论了三种扭曲，它们分别与客户的地位，问责制性质和专业知识的地位有关。乍一看，这些领域中每个领域的发展都可以看作促进了专业的民主化，但我认为，事实上，它们侵蚀了专业的民主性，并显示了测量文化推动了这一侵蚀过程。我将对如何恢复更为民主的专业行动模式，以及如何以这种专业行动模式促进更广泛的民主化进程提出建议。

王尔德的名言，当今人们知道万物的价格，但对它们的价值一无所知，这作为愤世嫉俗者的观点，似乎很好地抓住了"测量时代"教育发挥作用的主要问题之一（Biesta，2009c；2010f），毕竟，如今有大量关于学生个体、学生群体、学校、学区乃至整个国家教育系统的绩效信息，似乎全球测量行业正在试图确定教师为这一切所贡献和附加的确切"价值"。尽管对教育系统各个方面的表现进行了非常详细、精确和复杂的统计，但仍然存在的问题是，这是否能使我们更好理解正在测量的过程和实践的价值。换句话说，仍然存在的问题是，在我们所处的测量时代，正在发生的事情是否正在使我们更好地理解什么使教育变得"好"，而不是使教育仅仅变得有用或高效。

这不仅与所进行的测量的**技术有效性**有关，还与以下问题有关：这些测量是否在测量应测量的值。对于我在其他地方提出的所谓此类测量的**规范有效性**的问题，是存在着的另一个更紧急的问题（Biesta，2010f）。这涉及以下问题：被测量的内容是否实际上是我们所重视的教育内容，即它是否与我们认为的好教育的概念相一致。在这里，我们可以找到当前教育测量制度的主要问题之一。简言之，我们是否正在测量我们所重视的，或者说我们是否重视我们正在测量的内容。我们可能会认为这是一个悬而未决的问题，但将其作为诊断世界上许多国家当前正在发生的情况的方法可能更准确。在这些国家中，测量已经在很大程度上推动了教育政策和实践的发展，而不必再对其是否代表了好的教育观进行充分考量。这样的一个例子可以在所谓的"表现性"中找到（参见 Ball，2003）。在这种情况下，质量**指标**被视为质量的**定义**。我们可以看到这种情况的发生，例如，何时到达排行榜中的某个位置成为某个组织的战略目标。

测量制度对当代教育的影响至少部分是其庞大规模产生的结

果，这就是为什么我认为谈论全球测量**行业**是适宜的。但是，尽管规模很重要，但也必须指出，测量行业已设法将兴趣截然不同的广泛参与者整合到一个网络中，包括研究人员、学者、国家政府、商业出版商和超国家组织，例如经合组织和世界银行，正如布鲁诺·拉图尔（Bruno Latour，1987）所称的那样，在网络内部和网络外部之间形成了强烈的**不对称性**。这使得使用有意义的替代方法中断和反对该网络变得更加困难，更加昂贵，更加耗费精力和时间，甚至形成了这样的印象，即实际上"没有其他代替选择"。

这里还有两个更重要的方面：一个与讨论的修辞学有关，另一个与社会心理学有关。关于第一个，重要的是要注意，测量文化源于一个复杂的理论基础，该理论结合了许多不同的论述和议程，与诸如问责制、控制、透明、证据、选择和社会正义等概念相关。修辞层面上的问题是，它允许在不同的话语之间进行"快速切换" *102*（Charlton，2002），这使得更难有效地挑战和批评测量制度的运作方式。例如，想一想如何以社会正义的名义，即强调需要透明性以确保每个人都能获得良好的教育，来拒绝对作为教师控制形式的测量进行批判。鉴于不同的话语、议程和利益正面临威胁，很快出现的问题是，不清楚应该以哪种目的来证明哪种手段是合理的，或者更愤世嫉俗地说，正是由于手段和目的之间的这种混乱不清，使人们可以逃避自己应负的责任。

关于测量制度的社会心理学方面，问题仍然是为什么人们会被它吸引，或者换句话说，为什么有那么多人喜欢它。恐惧在这里起着重要的作用。数字的伪安全性是基于这样的想法，即测量是客观的，可以使我们摆脱进行判断这一更艰巨的任务。之所以说这种安全性是伪安全性，是因为测量最终是要用另一种表达形式来表示事物，因而潜在的标准基本上是任意的，并且总是使我们回到判断上。① 测量行业也因人们对风险的规避和相伴的控制欲而备受推崇。正如本书前面所提到的，在这里我们不应忘记，如果我们试图完全控制教育，那么它将变成一种最终将教育上重要的东西排挤出去的机制。或许，测量行业最有影响力的驱动因素是害怕落后，即担心其他国家或教育系统在某些方面或某些标准上会比我们做得更"好"。这里的问题是，人们常常忽视落后者是否真的想与领先者一模一样，以及判断某些国家比其他国家更"领先"的标准本身的依据是什么。我们是否真的应该简单地认为，就教育制度而言，每个国家都希望成为并且应该成为像芬兰、新加坡或韩国那样的国家?

103 专业的民主化

专业自治，即专业人士应自主规范和控制自己的工作这一观

---

① 约翰·杜威在他的著作中的某个地方讲述了一个故事，即当他还是个小男孩时，他们会如何称农场的猪的重量。他们将一头猪放在秤的一端，另一端放上石头，直到秤达到平衡为止——然后他们将估算石头的重量。

点，是基于三个假设（例如，参见 Freidson，1994）。第一，专业人员的工作与促进人类福祉有关，从而使其区别于许多其他工作领域。这已经表明，专业性不仅是技术上的，而且也一定包含规范性。第二，有人认为，与许多其他工作领域不同，专业工作依赖于**高度专业化的知识和技能**，这是传统职业（医生、律师和牧师）始终在高等教育机构中进行教育的原因之一。第三，有人认为专业人员的工作有别于其他工作领域，是因为专业人员**在权威和信任的关系**中工作。一方面，这三个假设构成了专业性的定义，因此，每当一个新的工作领域寻求提升自己的专业地位时，总会提到这三个假设；另一方面，这些假设构成了该专业特殊地位及其自我调节系统的理由。

传统的专业主义观念将职业视为封闭的，并且在很大程度上是内向型的实体，尽管它们对社会起着重要的作用，但在某种意义上说是与社会有着一定距离，甚至隔离开来的。因此，在传统机制中，职业很大程度上不受客户或整个社会的民主控制。以下事实可以最明显地体现这一点：专业在质量控制，职业准入（包括职业教育的规制）方面调节自己的职能，并且在专业失败和行为不当的情况下，对专业"退出"功能进行调节。这使专业成为强大的实体，它们不仅对自身的运转而且在关乎人类福祉的重要领域中都发挥着重要作用。专业的力量还有助于理解为什么权威和信任的关系很容易变成不公正的权力运用，甚至滥用权力。

这些专业的民主缺陷在 20 世纪六七十年代彻底暴露并受到挑战，部分原因是客户和患者的解放（例如在医疗领域和精神病学领域），另一部分是由于对健康和精神健康观念的改变，例如替代医学和反精神病学（见 R. D. Laing 的著作：Laing，1960；Laing & Esterson，1964；关于医学，另请参见 Hellin，2002）。这些事态发展本身就是当时更广泛的抗议和解放运动的一部分（包括 1968 年的学生运动和在德国被称为反教育运动的兴起，例如，参见 Von Braunmühl，1975），尤其暴露了专业关系中权力的滥用。因此，我们的目标是对专业人士及其客户之间的关系重新进行民主定义。在一定程度上，在第二次世界大战之后，许多专业在福利国家的项目中变得更加重要（例如，参见 Bjorkman，1982），并实现了从对个体客户及其需求的严格定位转向了对共同利益的广泛关注。这可以看作第二次民主化的冲动，专业人士与他们的客户和整个社会之间越来越建立起一种民主责任制的关系。

三种后民主扭曲

首先，重要的是要了解专业和专业主义的发展史，以便使人们重新认识到在 20 世纪六七十年代是如何推动传统职业的民主化进程的，这是专业人员与客户之间的关系，以及职业与专业人员及其社会环境之间关系的重新定义的结果——这与第二次世界大战后这些专业人员在新兴福利国家中的角色明显相关。然而，了解这些发展以便掌握医疗保健和教育等专业领域最近发生的变化及其重要性也很重要。乍看之下，这些变化可能会促进职业民主化，但是，经过仔细审视，结果证明它们是在破坏专业工作的民主性。在本章中，我重点介绍三种"后民主扭曲"：（1）将委托人、患者以及学生转变为客户。（2）将民主的问责制概念转变为技术—管理概念。（3）将专业知识转变为"证据"，这与循证实践的观念有关。

　　这些发展应在福利国家转型和新自由主义治理形式崛起的背景下加以理解。福利国家的转变——部分是经济危机（例如20世纪70年代的石油危机）的结果，部分是意识形态干预的结果，例如小国的保守思想（"撒切尔主义"）的结果（见Faulks，1998）——结果导致了从面向社会正义和团结（"共同利益"的观念）的取向转向将国家视为有限公共服务提供者的观点。在新自由主义背景下，国家被重新定义为公共服务市场的监管者，不再关注公共利益的实质性政治，而转向关注形式上的概念，例如"质量""选择"以及"客户永远是第一位的"。结果，新自由主义政府不再将自己视为关于共同利益的定义的政治辩论的主要参与者，而是越来越多地将自己理解为过程管理者，他们通过标准、测量和督导制度，试图确保提供的产品质量。"质量"本身是用严格的形式话语来理解的，也就是说，在某种特定的供给或服务符合某些标准的情况下，不必（正如我在本章的引言中已经暗示的那样）关心这些标准实际上的意义。那么，专业领域是以何种方式被这些发展变化所波及，这又如何扭曲了他们的民主潜力？

第一个扭曲：从委托人、患者、学生到客户

前面我曾指出，20 世纪六七十年代委托人、患者和学生的解放不仅暴露了许多专业的民主缺陷，而且还导致了许多职业的转型，更具体地说，是专业关系的转变。委托人、患者和学生开始发声，以表明他们不仅是专业人员行动和干预的对象，而且是他们自己的权利主体，因而他们希望被视为对话的对象而不是干预的对象。从这个角度看，似乎将委托人、患者和学生称为客户的最新趋势以及强调在医疗保健和教育领域必须提供客户所需的专业服务的趋势，是促进专业民主化的最终步骤。可以说，处于接收端的那些人在控制一切。

但这确实是专业民主化的最终步骤吗？我有理由怀疑情况是否如此，主要原因是经济交易与专业交易之间的根本差异（参见 Feinberg，2001）。在经济交易中，客户知道他们想要什么，只需要去寻找一家可以为他们提供他们想要的价格和质量的最佳组合的公司。而专业关系的一个关键方面是，专业人员不仅要服务于"委托人"的需求，同时他们在**定义**委托人需求方面也起着关键作用。换句话说，委托人、患者和学生与专业人士互动不只是为了获得他们

已经知道的想要的东西。该过程的一部分还是准确确定委托人实际需要的东西。正如芬伯格（Feinberg，2001）解释的那样，我们去看医生是因为头痛，但是我们希望医生弄清楚头痛的原因，以及可以采取什么措施来消除头痛。这已经表明，将委托人、患者和学生重新定义为客户是基于对什么是专业实践及其含义的基本误解。

我们在教育和教养领域可以找到一个明显的例子。如果孩子说自己想要什么，父母就给什么，而从不提出问题——问他们自己，同时也要与孩子对话——这是否真的对孩子们有好处，那么，孩子很有可能会被宠坏，仍然是自己欲望的奴隶，而不能对自己的欲望有成熟的看法，以便判断哪些欲望实际上是合理的。在这里，我们可以确定教育工作者的具体责任，并且对于大多数（如果不是全部）职业，都可以提出类似的论点：仅仅给委托人他们想要的东西可能完全是不专业的。医生不仅为患者提供他们想要的东西，而且在发现患者的问题以便提出可能的治疗方法方面，也起着关键作用。患107者确实在所有这些方面都有发言权（例如有关特定疗法的风险和疗效的问题），但这始终应被视为患者的经验知识与医生的专业知识之间的**对话**，而不是医生简单地出售患者想要的商品的过程。

正是由于这些原因，将委托人、患者和学生重新定义为客户不是专业工作和专业关系民主化的深入发展，而是颠覆了专业人士作出的独特贡献。原因在于将委托人、患者和学生重新定义为客户这一做法只是通过将所有权力赋予客户而使威权关系倒置。它忽视的是，真正的解放和真正的民主化要求**重新定义**专业人士及其委托人之间的**关系**，因为他们在需求—定义的对话过程中都发挥着独特的作用——这不仅是**对传统结构的颠倒**。

第二个扭曲：从民主问责到技术—管理问责制

第二种扭曲与将民主的问责制概念替换为技术—管理（technical-managerial）概念的方式有关。在民主的问责制概念中，专业人员与利益相关者（委托人、患者、学生，最终扩展到整个社会）建立直接对话关系，并对其专业行动的质量负责。但是，在技术—管理问责制概念中，重点不再是专业行动的质量。相反，专业人士应对其行为达到一定标准的程度负责。正如前面已经提到的，国家在这种体制中的作用是保证专业人士提供的"产品"的质量。但这不是通过进行实质性的政治讨论来实现的，例如讨论好的精神健康保健或好的教育应该是什么样的，而是通过制定标准并启动检查和控制系统来确保专业人员的服务符合这些标准。标准的规范有效性问题几乎从未被讨论过，或者被当成"意识形态"而被忽略。最终，专业人员（重新定义为提供者）与其委托人（重新定义为客户）之间出现了鸿沟。在这个鸿沟中，我们发现了通常由私有化的质量控制人员和检查人员组成的整体机制，这意味着专业人员与其客户之间的问责关系不再是直接的，而是**间接**的。

这是另一个例子，乍看之下似乎进一步促进了专业的民主化，但经过仔细审视，却发现反而侵蚀了专业/专业人士与委托人之间进行实质性的民主对话的可能性。奥诺拉·奥尼尔（O'Neill，2002）在里斯（Reith）所作的关于问责制的演讲中，详细说明了其中出现的问题。她揭示了技术—管理的问责制方式兴起带来的两个重要转变。第一个转变与问责制过程涉及的不同群体有关。她写道：

> 从理论上讲，新的问责制和审计文化使专业人士和机构对公众承担更大责任。据悉，这是通过在排行榜上公布目标和达到的水平，以及建立投诉程序以确保公众可以针对任何专业或机构上的失职要求补救来实现的。但是，这个表面上对公众负责的目标的真正要求是对监管者、政府部门、出资者和法律标准负责。新形式的问责制强加了中央控制的形式——实际上常常是一系列不同且相互矛盾的中央控制形式。（O'Neill，2002）

第二个转变与质量的定义有关。她写道：

> 从理论上讲，新的问责制和审计文化使专业人员和机构对**良好绩效**负有更多责任。这体现在改善和提高标准，提高效率和最佳实践，尊重患者、学生和雇员的言论上。但是，在这种令人称赞的言论之下，真正的重点是为简化测量和控制而选择

的绩效指标，而不是因为它们准确地衡量了确切的绩效质量。
（O'Neill，2002）

因此，奥尼尔的观察清楚地表明了民主型问责制和技术—管理问责制方法之间的区别以及两者之间的滑坡。

第三种扭曲：从专业知识到循证实践

专业主义民主化被扭曲的第三个领域，体现在许多不同专业领域中的专业判断力正在越来越多地被对循证方法的需求所取代（另见本书第三章）。这一观点认为，只有不再基于专业人士的独到见解（或根据某些主观意见），而是基于"行之有效"的可靠科学知识时，专业行动才能真正变得专业。它主张，我们可以确定专业干预"有效"的**唯一**方法是通过随机对照试验（在文献中，这被称为"黄金标准"），这甚至导致专业人员无法采取任何行动的情况，**除非有确凿的证据表明他们的干**行之有效。

尽管循证方法的支持者声称，如果他们选择循证方法，那么教育、社会工作和护理等专业领域可以得到显著改善，循证方法一直被声称是诸如农业和医学等领域进步的主要动力（有关这一特定论点，见 Slavin，2002），但实际上有很多原因使得"行之有效"的想法事实上不那么容易被采纳。一个关键问题在于，在护理和教育等领域——尽管这最终也适用于农业和医学领域——问题永远不能仅仅涉及"什么起作用",而总是需要用"什么起作用是为了什么?"这一问句形式来表述。关键是任何"有效"的观点始终需要依据特定领域中专业行动的目的去理解。这已经表明,"行之有效"的问题最多与专业行动的**手段**有关,而与其**目的**无关。

更重要的一点是关于循证方法在专业行动领域是否有意义的问题,它与以下事实相关,即所有专业行动都发生在亚里士多德界定的"可变"领域中(见 Aristotle,1980),这是行动和**可能**结果的领域,而不是**永恒的**领域,即可靠因果关系的领域。造成该情况的原因之一在于,专业行动发生在人类之间,而他们从不只是作为干预的对象出现——这也表明干预这一用词实际上是相当误导人的——同时也总是作为自身主体出现。因此,在可变领域,研究最多可以为我们提供有关行动与后果之间**可能**关系的信息。但是研究永远不能保证过去发现的行动和后果之间的关系在现今会以完全相同的方式出现。因此,尽管研究可以告诉我们过去在某个特定情况下和特定环境中**已经起效**的方法,但它永远无法告诉我们当前或将来什么**将会起效**。因此,除了需要对专业行动的目的作出判断之外,我们还始终需要对如何采取行动作出判断,这是对将一般知识和去情境化知识应用于具体情况和单个案例的判断。科学证据既不能代替对如何行动的判断,也不能代替对专业行动的目的和目标的判断。我们发现有人声称可以或应该如此,**实证主义**就是一个例子,在这一背景下，手段正在定义目的，而不是由我们为我们自己的行动确定目的。

因此，呼吁甚至在某些情况下硬性要求以循证方式工作似乎是在试图根除对于专业主义领域专业行动的"方式"和"目的"的专业判断。它试图将专业转变成抽象的"机器"，其中的反思和判断被视为弱点而不是它的本质部分，从而完全误解了诸如教育之类的实践的内涵（另见第四章）。这表明，对循证方法的呼唤不但不能深化专业人员的知识和判断力，反而是在试图否定他们的知识和判断力。正是在这种意义上，循证方法是对专业主义民主维度的另一种侵蚀，因而成为另一种后民主的扭曲。

测量的作用

如果上述内容使我们能够洞悉教育等专业领域的近期发展阻碍而不是增强其民主潜力的方式，那么还存在另一个问题，即测量文化如何对此作出贡献。关于这个问题，我想提出两个看法。第一，我想强调指出，每个扭曲的核心显然是对数据、信息和测量的需求。毕竟，为了给客户提供他们想要的东西并为其提供选择，让客户觉得物有所值，他们似乎需要关于所提供产品质量的数据。第二，为了使专业人员对其绩效的质量负责，显然需要有关其工作达到预设标准的程度的数据。而且，为了使专业活动有证据作为依据，需要有关什么有效的信息，尤其是揭示"干预"和"结果"之间联系的数据。

这表明，测量文化在职业的后民主转型中已经并且将继续发挥关键作用，因为这些转型**需要**数据和测量。同时，数据、信息和测量的可用性增强了这些特定的扭曲，而非抵抗它们。毕竟，一旦有了关于个人、团体或系统的绩效的可用数据，不看数据就变得越来越困难。同样，一旦有了有关个人、团体或系统绩效的数据，就很难不将其纳入任何问责制活动中。一旦针对特定的实践和工作方式建立了某种明显的"证据"，那么很难不对此加以利用。换句话说，数据、信息和测量的可用性诱人且令人难以抗拒，这揭示了测量文化的社会心理学的另一个维度，并进一步解释了其吸引力和"力量"。那么，是否还有"反击"和恢复民主的专业主义的选择呢？我想就此提出三个建议。

恢复专业主义的民主空间

我需要在本章中做的第一件事就是去挑战、打断和抵制专业的重新定义，尤其是关于我在上面分析的三种扭曲：将委托人、患者、学生重新定义为客户，用技术—管理问责制代替民主问责制，并尝试用所谓"行之有效"的证据代替专业知识。在每种情况下，特别重要的是要表明这些发展是基于对专业工作的含义以及诸如教育 *112*

等专业实践的本质的误解。

第二件事，重要的是要揭露这些事态发展的民主缺陷，即要去表明尽管乍一看似乎合理，并且也提出了很多主张，但实际上它们正在破坏和侵蚀着医疗保健和教育等专业领域更民主的工作方式的发展。为此，重要的是要强调——正如我所做的那样——专业的民主化不是要颠倒有关各方的地位，也就是说，完全以相反的方式思考威权关系。相反，它要求在专业人员与委托人之间建立新的关系——对话关系，在这种关系中，双方都可以贡献自己的特殊经验和专业知识，并承认所涉各方(专业人士和委托人)的经验和专业知识是不同的和互补的，并且为了将专制的专业关系转变成民主的关系，需要所有人的不同贡献。

抵制专业工作层面的后民主转型，并坚持需要转变关系而不是仅仅颠倒关系，这通常意味着人们会发现自己捍卫的观点和立场乍一看可能已经过时了。例如，反对教育的"学习化"(Biesta，2010f)，即反对以学习者为中心，以教师为辅的教育概念，为此去充分论证教学和教师的重要性(Biesta，2012，2017b)，通常这被认为是一种倒退而不是前进。因此，需要仔细地论证以表明，中心由教师转向学习者实际上是对作为控制的威权主义教学形式的不充分回应，因为它只会颠倒学生和老师的位置，而不是寻求从本质上改变他们之间的关系。同样，如我在本书前面所述，主张教育应基于价值而不是基于证据的观点，通常被认为是倒退回了前科学时代，而不是力图证明科学——不论是证据还是其他形式——永远无法消除深思熟虑和判断的需要。

总之，首要任务是抵制技术员式的专业主义观念，例如将教师的角色减少为只执行和实施预定程序的技术员的角色（另见 Leaton Gray，2007），并提供一个切实可行的强有力的替代方案。在本章中，已经出现了这样一种不同的专业主义概念。在最后一部分中，我想用教学中的例子强调这一专业主义概念的关键维度。我还将展示这种专业主义观念如何将专业工作与民主观念联系起来，从而概述民主专业人员和民主专业主义的概念。

定义民主专业人士

我认为专业工作具有三个方面的特征：（1）面向实践的"目标"。（2）参与需求—定义过程。（3）参与将权力转变为权威。让我澄清一下我的想法。

本章以专业性的传统定义开始。在这里，我认为专业的特征在于对人类福祉的促进。这已经表明，专业行动绝不仅仅是技术上的。也就是说，它从来不只涉及特定效果或特定结果的产生，而是针对特定实践的"目的"（telos）的实现。尽管我们可以将希腊语"telos"翻译为"目标"（aim），但将其翻译为"目的"（purpose）则更为合适，因为实践的"telos"是指该实践试图从更广泛的意义上进行推广。在卫生保健中，"telos"是指促进健康；在法律界，则是指促进正义；而在教育中，我们可以说它是对"教育性"（educatedness）的促进，例如，促进学生认知和道德的独立。

专业行动的目标是指专业人员寻求实现的更具体的成就或结果，而实践的目的或"telos"是指赋予实践以意义、身份和方向的事物。这就是为什么仅仅将教学简单地看作生产可测量的"学习成果"的看法是错误的。尽管它在教学中也许占据一席之地，但它永远不可能是教育的全部和教育的终极目的，而是需要与更广泛的教育"telos"联系起来加以考虑。教育的"telos"应该是什么，这一问题不能简单地一劳永逸地解决，而是需要各利益相关方之间不断进行反思和商议，例如关于受过教育的人的标准应该是什么。对这个问题的回答绝不是事实层面的，它总是涉及规范性的偏好和选择。这就是为什么教学与"telos"所构成的所有其他专业一样，必须被理解为一种规范性专业，而不仅仅是一种技术性专业的重要原因之一（关于规范性专业主义的思想，见 Kunneman，1996）。

我在本章中提出的专业主义概念的第二个特征涉及这样一个事实，即专业人士不仅为委托人的需求服务，而且在定义这些需求方面起着关键作用。在传统的专业性概念中，这被视为专业人士的唯一责任——"医生最了解"这一理念。在民主的专业性概念中，这被理解为一个对话过程，在此过程中，专业人士及其委托人都可以有所贡献。重要的是要牢记，专业人士及其委托人在这种关系中扮演着不同的角色，承担着不同的责任。

在教育中，需求—定义过程的形式是在孩子和学生（通常还包括他们的父母）的愿望与对他们来说可取的愿望之间进行区分——就个人生活和社会生活而言。例如，这就是法国教育学家菲利普·梅里厄（Philippe Meirieu，2008）所说的如何表征教育的核心"利益"，即作为一个过程，在此过程中我们试图通过区分孩子的欲望和其中可取的欲望来将孩子从欲望当中解放出来。最初，教育者在为他们负责的孩子和学生回答这个问题时起着关键作用。但是随着时间的流逝，"我的愿望对我来说是否可取?"这个问题应该成为孩子和学生自己回答的问题。到那时，人们可以说他们对自己的欲望已经形成了一种"成熟"的观点，而不再仅仅被它们支配。这表明，教育过程不仅意味着肯定，因为教育者不是简单地接受儿童和学生的欲望，而是总会有在这种欲望面前停下来检查和询问的时刻。发起这样的中断，询问学生他们的欲望中哪些是他们实际所期望的，这同样不是事实问题，而是一项彻底的规范性工作，需要对欲望的价值作出判断。

我在本章中提出的专业性概念的第三个方面与专业关系具有权威性这一事实有关。在这里，区分权力（power）和权威（authority），并随之区分威权关系（authoritarian relationships）和权威关系（relationships of authority），这一点非常重要。威权关系只涉及单方面的权力和控制，而权威关系则是我们所称为"公认"或"合理"的权力关系。第一，这凸显了权威从根本上看是**关系性**的（参见 Bingham 2008）。它不是一个人能够拥有并且可以在另一个人身上行使的东西，而是必须被理解为在关系中"流通"的东西，因而需要关系中所有各方的"支持"。举例来说，教师并不会自动拥有对学生的权威，但是在相互关系发展过程中，可以由学生赋予他们权力，可以说，他们能够被学生"授权"。如果专业关系试图以民主而非专制的方式运作，则将权力（关系）转变为权威（关系）是所有专业关系的主要动力之一。

从"目的""需求—定义"以及"权力转变为权威"等角度思考专业，勾勒出了一种专业性概念，该概念与当前的测量文化试图引导教育等专业领域的方向完全不同。而且，以对话而不是单方面的方式来考虑这些方面，突出了专业可以以民主方式运作，而不是由市场、客户和标准的准民主所支配。这是理解什么是民主专业性的方式，有趣的是，"telos"，需求—定义和权威等方面实际上也可以视为定义民主本身的特征。

正如我在其他地方更详细地论述过的（参见 Biesta，2013a），民主不应被理解为某种"自然的"事物，而应被理解为一种历史性的发明和干预，即以一种基于对一系列特定价值，即平等、自由和团结这些价值的承诺来指导集体生活。正如尚塔尔·墨菲（Chantal Mouffe）所论证的那样，这些价值观构成了民主领域，尽管对这些价值观实际所代表的含义的解读仍在继续（参见 Mouffe，2000）。

这表明民主(实践)本身是由赋予其独特性和意义的"telos"所构成的。第二,与许多人所认为的不同,民主与选择无关。这不是关于个人的偏好的简单表达和对偏好的计数,以便将所有权力赋予多数人。更准确地说,民主应被理解为一个过程,在此过程中,个人和群体的"需求"和欲望进入集体审议中,以便弄清楚集体可以合法地"承载"这些需求和欲望中的哪些。这远非算术过程,而是一种真正的变革性和教育性的过程,实际上可以被理解为一种集体的需求—定义过程。可以说,这种审议过程的结果确定了我们集体生活中的权威归属。在这方面,我们可以说民主本身的特征是权力向权威的转化。

以这种方式看待民主,揭示了民主专业人士的工作方式与民主本身的运作方式之间的相似结构,这表明沿着这些方向进行专业民主化不仅与专业领域"内部"的民主素质有关,同时也可能为实践和体验更广泛的民主动力提供重要机会。在这方面,民主专业为更广泛的社会民主化进程作出了重要贡献。

结语

在本章中,我探讨了测量文化对诸如教育等专业领域的影响。我是根据福利国家的衰落以及新自由主义统治和治理形式的崛起,通过对职业转型的分析进行论述的。我已经证明,测量在这些变革中起着重要作用,这些变革旨在将专业推向标准驱动的循证服务提供商的方向。乍一看，随着行业的重新配置而产生的透明性、问责制和客户导向可能看起来像是行业的进一步民主化，但我已经表明，这些发展实际上暗示着其民主潜力的削弱。在这种背景下，我勾勒了不同的专业性概念的轮廓，其中以专业"telos"为导向，介入需求一定义以及将权力关系转变为权威关系是其中心。这种民主的专业性概念为专业（例如教育）重新开始在民主社会中运转提供了起点。换句话说，它提供了一个起点，可以对当前测量时代对专业工作的民主潜力的侵蚀作出有力而合理的反击。

供讨论和进一步审思的五个问题

1. 当今的研究对测量文化作出了重要贡献。你的研究与此相关吗？

2. 你认为把学生当顾客有什么好处？你认为其中的问题在哪里？

3. 你是否在寻找为你的研究服务的特定个体或团体？如果是的话，你如何看待你相对于他们的角色？

4. 你能清楚地说明教育专业人士在你的研究中的地位和作用吗？

5. 你的研究的实施方式和传播方式，能为更广泛的民主化进程作出贡献吗？

/ 第七章　重新审视知识/

知识问题是研究的一个重要问题，因而也是研究人员的一个重要议题，特别是因为许多人会认为研究的首要功能就是产生知识。我们也可以说，通过知识这个主要载体，研究与教育实践进行互动并试图促进实践，尽管研究可以作出不同的贡献，涉及不同的"知识"和知识概念。在这里，研究的技术作用和文化作用之间的区别，以及知识和（教育）行动之间的关系问题就显得尤为重要。虽然教育研究者应该意识到他们不是哲学家，对于当下关于知识的本质及其与行动和现实的可能关系的讨论，他们不应怀有雄心壮志去解决，但是研究者必须对这些问题有所了解，最重要的也许就是为了解释他们知识主张的可能性和局限性，这些主张是基于自己的研究提出的。本章重点关注的是杜威对知识的本质及其与行动的关系的思考。他的方法特别有趣，因为它比较有效地批判了对研究所能取得成果的过度期望。

导论：认识论与思维世界图式

在许多关于知识的哲学讨论中，需要解决的核心问题都是人的心灵如何获得对外部世界的知识。罗伯特·诺齐克（Robert Nozick）把这个挑战说得最简洁，他问道："我们怎么能知道我们不是悬浮在装满液体的大桶里的一个大脑，与一台电脑相连，而电脑正在输入我们当下的体验?"（见 Nozick，1981，pp. 161-171）诺齐克的观点反映了一个从怀疑的角度审视知识本质的长期传统，也就是说是从这样一个假设出发：知识也许是不可能的，因为我们可能无法超越自己的思维。第一个将怀疑论置于现代认识论中心的哲学家是笛卡尔。在《沉思录》第二部分中，他用"怀疑的方法"得出了这样的结论：虽然我们可以怀疑一切，但在怀疑的时候，我们不能怀疑我们正在进行一个怀疑的过程。虽然这证实了思维自我存在的确定性，但它不能说明我们经验之外世界的存在的确定性，自此以后，这个问题就一直困扰着现代认识论。最终大卫·休谟（David Hume）得出结论：外在世界自在物的存在是一个"非常有用的假说"，但是永远不能被证明。

诺齐克、笛卡尔和休谟的思想之所以能统一起来，是因为他们对二元现实观的坚持。他们认为现实由两种完全不同的"物质"组成，即心灵和物质，而知识的问题必须从心灵开始，然后再考虑心灵如何与自身"之外"的物质世界取得联系。心物二元论不仅为现代认识论设定了议程，赋予它回答心灵如何与世界"接触"的任务（见Dancy，1985）——这也是在关于知识的讨论中认识论不能成为一个中立仲裁者的原因之一，因为它本身就被非常具体的假设所影响——而且它也为区分客观性与主观性提供了框架，还有与之相关的区分绝对主义与相对主义、实在主义与观念主义等。毕竟，根据认识主体和认识对象的二元论，如果知识描绘了认识对象本身是怎样的，那么知识就可以是客观的。相反，如果我们认为知识无法描绘认识对象，那么就意味着知识是主观的，即知识是由人的思维活动产生的。

这种思维方式的含义远远超出了关于知识的"技术性"问题。近来许多关于文化、伦理、道德、科学、理性乃至西方文明的讨论，似乎都是受这样的观点影响：我们只能从"思维世界图式"中提出的¹²¹两个选择之中选一个。理查德·伯恩斯坦（Richard Bernstein，1983，p.18）恰如其分地称之为"笛卡尔焦虑"，要么是"我们的知识有一个固定的基础"，要么是我们无法逃避"笼罩着我们的疯狂的、智力和道德混乱的黑暗力量"。

思维世界图式确实只提供了两种选择：客观性或主观性。然而，关键的问题不在于选择哪种方案，而在于思维世界图式本身是否是不可避免的选择，或者说我们是否可以从不同的假设出发、以不同的方式来思考知识和现实。杜威的认识理论正是对这个问题的回答。它提供了一种对认识的理解，这种理解不是从他所认为"不可能的问题"出发："作为认知者的人纯粹是个体的或'主观的'，其存在完全是心理的和非物质的……作为认知对象的世界纯粹是普遍的或'客观的'，其存在完全是机械的和物理的"，这两者如何能够相通（Dewey，1911，p. 441）。相反，杜威提出了一个立足于互动（interactions）——后来他更愿意称之为交互作用（transactions）——的框架，互动在自然中发生，而自然本身被理解为"一个由相互作用的部分组成的移动整体"（Dewey，1929，p. 232）。杜威认为这个框架是"哥白尼式的革命"，"旧的中心是心灵"，而"新的中心是变化不定的交互作用"（p. 232），转向中的关键概念是"经验"。

互动认知理论

虽然交互作用指的是发生在自然界的相互作用，但更一般的**经验**指的是生物体与其环境的互动。这些互动的独特之处在于它们之间构成了一种双重关系。

> 有机体根据自身（简单或复杂）的结构作用于周围环境。因此，环境中产生的变化会对有机体及其活动产生影响。生物承受着自己行为的后果。这种行为与后果之间的密切联系形成了我们所说的经验。（Dewey，1920，p. 129）

因此，经验是生物体与环境相联系的方式。恰恰与心灵世界图式相反，杜威认为经验并不是"隔绝人与自然的面纱"，而是"一种不断深入自然的手段"（Dewey，1925，p. 15）。

杜威认为认知是一种以某种方式"支持"行动的经验模式，它关注的是如何把握我们的行为与后果之间的关系。正因为如此，认知可以帮助我们更好地控制自己的行为，至少比盲目试错更有把握。这里的"控制"并不意味着完全掌握，而是有能力明智地计划和指导我们的行动。在我们不确定如何行动的情况下，这种能力是首要的，这在杜威对认知的一个定义中被表述为"把受扰不安的情况转变为更受控制的重要情况"（Dewey，1929，p. 236）。为了实现更多的控制，认知这种在其他经验领域更明智的方法也是很重要的，这在杜威的主张中得到了体现，认知"有助于控制对象以获取非认知经验"（p. 79）。

杜威认知理论的框架在于他的行动理论，该理论在他职业生涯早期的一篇里程碑式的论文《心理学中的反射弧概念》（Dewey，1896)中就得到了阐述。对杜威行动理论的一种总结是，如果我们把学习看作生物体互动地"适应"环境的方式，那么它就相当于一种实验性学习理论(当然，这本身是一个相当简陋的学习概念；关于这一点，见 Biesta，2013b)。杜威认为生物(包括人类)能够与环境建立和保持动态的协调。在这个过程中，生物的倾向性(杜威称之为"习惯")变得更加集中和明确，更加适应不断变化的环境条件。这也是另一种说法，即通过试探性、实验性的方式，生物体与它们学习的环境保持协调的互动。然而，这种学习并不是获取关于"外面"世界如何的信息，而是通过这样的学习过程，生物体获得一种复杂而灵活的行为倾向性。

从这个观点来看，学习基本上是一个反复试错的过程，从某种意义上说，这就是杜威所说的生物学习的方式。但盲目试错和杜威所说的"明智行动"的区别在于有无思维的干预，他将其定义为"(在想象中)对各种可能的行动方式进行戏剧性的排练"(Dewey，1922，p. 132)。对特定行动方式的选择则是"在想象中击中一个能充分刺激行动恢复的对象"(p. 134)。这种选择能否产生协调互动，只有在生物实际行动时才会清楚。这就是为什么思想永远不能保证我们的行动会产生协调一致的互动，但它所能做的是使选择的过程比"盲目"试错更明智。

在杜威看来，知识问题(或者更准确地说，认识问题)的产生，是因为"经验情境中出现了不相容的因素。……然后这会激起对立的反应，这些反应不能同时出现在外显行动中，因此，无论是同时还是连续地，只有在它们被纳入有组织的行动计划之后，才能加以处理"(Dewey，1916，p. 326)。这里的问题是情境的意义之一，因为杜威的"情境"总是指互动中的生物体和环境。只有通过对情境进行系统的审查，才能明智地解决问题，而不是简单地试错。一方面，我们需要识别和说明问题；另一方面，我们需要提出解决问题的建议，找到采取行动的方式，从而找出情境的实际意义。虽然思考或反思必须在这一过程中发挥重要作用，但它们本身不会产生知识。只有在行动之后，才能确定对问题的分析和建议解决方案的价值。因此，对杜威来说，我们需要外显的行动来确定我们反思性考虑的价值和有效性。否则，我们至多有一个关于这个问题的假设和一个关于它可能的解决方案的假设。

这意味着为了获得知识，我们需要行动。但是，尽管行动是知 *124* 识的必要条件，但它不是充分条件，我们也需要思考或反思。正是反思与行动的结合，才有了知识。由此可知，认识、知识的获得，并不是发生在人类内心深处的某个地方。认识本身就是一种活动；它"实际上是我们所做的事情"（Dewey，1916，p. 367）。从协调行动的恢复中产生的意义是一种同时意识到超越自身意义的意义（Dewey，1906，p. 113）。这个"超越"不是简单地存在，也不是简单地在未来成为存在。它只有"通过一次行动的干预"（Dewey，1906，pp. 113-114），也就是说通过我们所做的事情，才会变得存在。当我们把土豆煮熟的时候，土豆就会成为可食用的食物，因此，在烹饪行为介入之后，或者说在我们发现土豆煮熟后可以吃之后，它就成为了"潜在的可食用食物"，这里的土豆在行动领域中指代别的东西。

因此，如杜威所说，当经验是"认知性的"时，我们认为某物意味着当我们以特定的方式行动时将会体验到的其他东西。正是沿着这些思路，知识与控制的可能性紧密相连。杜威认为，"在知识中，原因成为手段，效果成为结果，从而使事物具有意义"（Dewey，1929，p.236）。换句话说，知识与**推理**有关：是对时间久远或地点遥远的事物的反应。因为推理是迈向未知未来的一步，它是一段不稳定的旅程。推断总是涉及不确定性和风险。杜威认为，一块石头只能对现在的刺激作出反应，而不能对未来的刺激作出反应，因而不会犯错误。由于推理包含了错误的可能性，它把真理和谬误引入了世界。

经验、实在与知识

杜威关于经验的交互性定义的一个重要含义是，它终结了这一观点：只有通过知识我们才能获得对实在的把握。对杜威来说，所有的经验模式都是同样真实的，因为它们都是生物有机体及其环境的互动模式。由此杜威得出结论："事物——任何事物，所有事物，在'事物'这个术语的普通或非技术性用法中——都是被体验到的。"（Dewey，1905，p.158）这首先意味着，每个人的经验都是同样真实的。这也意味着，经验的东西本身就是真实的。所以杜威的论点是，如果有人被一种噪声吓到，那么这种噪声就是可怕的。这个说法必须从互动角度上理解。如果有人被一种声音吓到，那么恐惧就是生物体的直接反应。声音之所以可怕，是因为生物体对声音的反应是把它当作可怕的声音。然而，这意味着受到惊吓不等于知道受到惊吓。知道是什么引起了这可怕的噪声是另一种经验。虽然后者的经验可能比前者更确切，但在杜威看来，它并不是更真实的。"真理的问题不在于存在与不存在，实在或仅仅是表象被经验过，而在于某种具体经验事物的**价值**。"(Dewey，1905，p.163；原文强调)其中的一个重要含义是，经验本身并不能为我们提供任何知识。换句话说，杜威拒绝接受这样的观点，即经验为我们提供了基本的"知识节"，当这些"知识节"以系统的逻辑方式组合在一起时，就会产生知识。①

在杜威看来，经验与知识的区别在于，知识关注的是经验的**发生**。知识的"位置"意味着对"真正的品质和价值的**发生**所依赖的那些关系的探索"(Dewey，1929，p.83；原文强调)。在这方面，知识与行动有着密切而必然的联系，因为——这也是杜威认识理论中最关键的一点——经验的条件和后果的发现"只能通过改变给定的品质，使**关系**变得明显"(Dewey，1929，p.84；原文强调)。从把知识理解为关注世界的本来面目，转变到把知识理解为关注条件和后果，是杜威方法的一个非常重要的因素。它代表着从关注事物的

---

① 后一种观点是由逻辑实证主义提出的，尽管在哲学上受到质疑，但这种观点仍然体现在一些思想上，即知识获取是一种归纳过程，从"基本事实"的收集开始，向上延伸到一般性陈述(见 Ayer，1959；Achinstein & Barker，1969)。

本来面目转变到关注"某一事物所属的历史"（Dewey，1925，p.243）。这种转变是从"认识是一种对自然作为一种世界性神圣艺术的审美享受"，到"认识作为一种世俗控制的手段，即一种有目的地引入变化的方法，从而改变事件的发展方向"（Dewey，1929，p.81）。对杜威来说，这意味着知识关注的是行为和后果之间的关系。这就把时间维度引入了杜威的认识理论中，这也是论证杜威有一个时间性认识观念的理由。

杜威的分析方式对我们如何理解知识对象也有影响。在二元论的方法中，知识对象被看作存在于"外面"世界的"物"，是供我们发现和描绘的，而杜威的互动观点把知识对象看作探究过程的结果。由于我们通过这些过程养成的习惯为我们提供了更具体的行动倾向，因而习惯在某种意义上体现了我们的环境对我们来说更具意义的方式。生物体—环境互动的实验性转化，将我们身处其中进行行动的环境转变为杜威所说的"对象的图形框架"（Dewey，1922，p.128）。这就是为什么杜威不把感知的对象称为事物，而称为"有意义的事件"（Dewey，1925，p.240）。

我们容易发现口语中的单词或"声音事件"本身没有意义，但随着时间的推移，它们变得有意义了。对于桌椅、树木、山石、花朵等实物，要得出同样的结论则要困难得多，"知识意义和物理事实的结合似乎是原生的"（Dewey，1933，p.231）。然而，桌椅和文字一样都是有意义的事件（类似的思路，见1983年布卢尔对维特根斯坦的社会知识理论的讨论）。而它们的意义具有严格的互动性起源，因为意义必须被理解为具体方式的结果，随着时间的推移，我们的行为及其后果之间的关系以这种方式成功建立。因此，并不是通过探究的过程，我们就能找到比如说椅子的可能含义是什么。相反，一把椅子指明了与环境的互动变得有意义的一种特殊方式。因此，杜威主张我们应该把物体看作工具。"物体的特性和工具的特性一样……它是一个连续变化的决定顺序，最终导致一个可预见的结果。"(Dewey，1925，p. 121)①

127

杜威认识论的最后一个要素与真理问题有关。我们已经看到，对杜威来说，询问我们眼前经历的真相是没有意义的，直接的经验就是这样。只有当我们对经验的意义提出疑问时，真理和谬误才会出现。

> 真理和谬误不是任何经验或事物本身或其初衷的属性，**而是保证问题自觉出现的事物的属性。真理和谬误只有在特定意义被有意比较的情况下，才会凸显为重要的事实，这种比较和对比是指价值问题和意义的可靠性问题**(Dewey，1906，p. 118；原文强调)。

---

① 杜威的方法有时被描述为工具主义，他本人也这样认为。一般认为工具主义是把理论当作手段或工具，而杜威的工具主义则是关于知识对象的工具性。

因此，真理和谬误并不涉及事物本身，而是涉及我们对某一事物的经验与我们可能的行动或反应之间的关系。这不仅意味着"真理"总是与情境和行动有关，而且意味着真理本身就是时间性的。真理并不是指一个命题与现实之间的所谓对应关系。它与暗示意义和实现意义之间的对应关系有关，也就是"付诸实践"的意义。"这种一致和对应是在目的、计划与其执行和实现之间"（Dewey，1907，p. 84）。

这并不意味着真理变得与实在脱节。恰恰相反，这不仅是因为杜威的认识理论所依据的是互动性框架，还因为行动在产生认识的过程中起着不可或缺的作用。因此，知识并不是对"外面"实在的被动反映。我们的介入和行动，是知识的关键而必要的构成部分。在这个意义上，我们可以说，正如知识的对象一样，知识永远是人的建构。但这并不意味着什么都有可能。我们总是在现有的事件过程中进行干预，虽然我们的干预带来了变化，但它始终是对现有过程的改变，我们不能凭空创造。对杜威来说，唯一可能的建构就是重建。

实用主义的后果

杜威的互动性方法有一个最重要的含义：知识并没有为我们提供实在的图景，即杜威所说的"知识的旁观者理论"。对于杜威来说，知识总是涉及(我们的)行为和(它们的)后果之间的关系。从本质上讲，这就是知识的互动性概念的含义。这意味着知识是一种建构，或者更确切地说，知识的对象是建构。但与人们通常在思维世界图式下对建构主义的理解不同(即认为建构主义是纯心智的，因而也是主观的)，杜威的建构主义是一种**互动性**的建构主义，这种建构主义认为知识既是建构的，又是真实的。这就是为什么我们可以说杜威的立场是一种实在主义，尽管它是**互动性实在主义**(Sleeper，1986)。

鉴于知识涉及(我们的)行为和(它们的)后果之间的关系，知识只能为我们提供**可能性**，而不能提供确定性。仔细观察我们是如何对世界采取行动的以及随后出现的情况，在此基础上得出的结论表明，在这一特定的互动性情形下已经有了什么可能。有时，在一种情况下可能发生的事情在另一种情况下也可能发生，但在其他情况下，这种情况的互动性决定因素是不同的，因此，在一种情况下可能的事情在另一种情况下就不再可能了(另见第三章关于"什么有效"的讨论中这个想法的含义)。这就是为什么杜威更喜欢把调查和研究的结果称为"有根据的论断"而不是真理。我们对自己行为后果的断言，是建立在仔细观察和控制的基础上的。但是，它们只在"被产生的"特定情况下才是有根据的，我们不应该犯这样的错误，例如给它们贴上"真实"的标签——认为它们在所有时间和所有类似情况下都是有根据的。这并不意味着从一种情况得出的结论对其他情况就没有用处。但是，知识从一种情境转移到另一种情境，是通过指导我们的观察和认识，并能提出解决问题、寻找前进道路的可能方法。这些可能性能否解决特定而全新的互动性情况下的具体问题，只有当我们采取行动时才能知道。

杜威的互动性认识方法的一个更普遍的特点是，与现代主流哲学相反，他的方法不是怀疑论的。对杜威来说，人与世界之间没有距离。这并不意味着我们所经历的一切都是"真实的"。虽然杜威确实认为事物就是它们被经历的样子，但经验和知识之间有着关键区别。经验只是"是"，而知识总是会有误差的，因为它与推理有关。在这方面，我们必须认为，杜威的互动性认识理论是一种谬误论。但重要的是要看到，对杜威来说，知识并不是因为我们自己和世界之间所谓的差距而易错，而是因为我们永远无法确定未来会带来什么，尤其是因为未来的样子也取决于我们自己正在进行的行动。根据互动性方法，我们不是一个已完成的宇宙的旁观者，而是一个不断演化的、未完成的宇宙的参与者。

杜威的互动式方法也跨越了客观主义和主观主义的非此即彼。从互论的角度来看，"世界"总是受我们所做的事情的影响。因此，将客观性理解为对一个完全独立、不受我们影响的世界的描述，是根本不可能的。如果我们想认识世界，就必须与之互动，因此，我们只能以世界对我们的回应方式来认识世界。我们所建构的世界是从杜威所说的"经验"的"行动—遭受—行动"动态中产生的。许多杜威的批评家认为，尽管杜威拒绝客观主义，但他却因此陷入了完全主观主义的境地。杜威只是简单地承认了这一点，但他又说，这一点完全没有问题，只要我们看到我们所构建的世界是为了我们个人的目的，为了我们自己试图解决我们所面临的问题。

只有当我们开始与他人互动时，我们的主观世界与他人的主观世界才需要某种形式的协调。在这种情况下，我们通过互动、协调和沟通，在我们个人的主观世界之外构建了一个**主体间**的世界。杜威指出，客观性是不可能的，主体性并不总是一个问题，而如若知识的主观性成为问题，主体间性就提供了解决方法。杜威不仅为我们提出了一种立场，帮助我们克服客观主义和主观主义之间非此即彼的僵局，而且还提示了克服笛卡尔焦虑的方法：当我们想要承认知识总是多元的、变化的和开放的，并且认识永远是一种彻底的**人类努力**时，我们不必因此放弃这个世界。

结论：超越客观主义和相对主义

杜威的观点有一点很吸引人，那就是它们可以使我们对知识和世界所持有的许多直觉变得有意义。杜威的思想不是在哲学告诉我们的东西和我们在日常生活中所经历的东西之间制造对立，而是能够捕捉到许多这样的经验。杜威能够解释区分真假的可能性；他帮助我们看到实在主义是一种合理的假设；他可以接受解释的开放性，同时承认不是什么都可以，他的互动性方式也可以使技术进步变得有意义（另见 Hickman，1990）。也许杜威甚至为我们有时确实可以对权力说真话的想法提供了一些可能性。

杜威的方法与众不同之处在于，他没有从思想和世界的二元论假设出发，而是敦促我们从其他地方出发，并以此敦促我们质疑和克服现代哲学的创始假设，而不是将自己定位在这个框架内。在这方面，杜威确实做到了超越了客观主义和相对主义，借用理查德·伯恩斯坦 1983 年著作（Bernstein，1983）的书名，"超越"一词在这里当然有着巨大的意义。

正如我试图阐明的那样，这对关于知识、经验和实在的讨论有许多重要的影响。它意味着结束了知识作为实在图景的观念，而提出了我们的知识总是关于行动和后果之间的**关系**。虽然这确实意味着知识是一种建构，但它不是发生在我们头脑中某处的建构，而是一种"在互动中"的建构，这意味着知识既是建构的，**也是**真实的，也就是说，与我们和世界的互动相联系。从这个角度来看，真理的问题不再是一个空间问题，即关于世界的陈述和世界本身之间的关系，而是彻底地成为时间问题，即涉及行动及其后果之间的关系。因此，知识从确定性的领域，即"是什么"的领域，转移到**可能性**的领域，即"可能是什么"的领域。

尽管这为研究和其他领域的知识问题提供了新的机会，在我看来这是令人振奋的，但我还想简要提及一个技术性的问题（更多内

131

容请参见 Biesta，2009a，2011)，这与杜威对知识讨论的贡献状况有关。这个问题是，杜威给我们描述了知识是彻底的实践性的，和我们与世界的互动有关，因而位于可能的领域而不是确定的领域，但我们可以说，在这个关于知识"是什么"的描述中，杜威似乎自相矛盾。换句话说，在他的知识理论中，他又回到了他一直批评的立场上，因为他向我们提供了关于知识究竟是什么，我们的知识与世界之间的关系究竟是什么，人类在宇宙中的位置究竟是什么等终极真理。确实可以这样解读杜威的贡献，然后很快就会陷入复杂、但在某种意义上也是人为的哲学讨论。因此，这里最好的方法是实用主义的方法，即关注杜威试图通过对知识的思考来解决的问题。我将在此处进行简要概述，并在下一章中以更详细的方式进行介绍。

杜威的许多著作(如果不是全部的话)背后的问题是他所说的现代科学对日常世界的(有问题的)影响，正如他所说的"常识"的世界(见 Dewey，1939)。虽然杜威乐于承认现代科学技术的进步，但他对科学世界观殖民于其他理解，更具体地说，替代理性主义的方式而感到担忧。换句话说，杜威关注的是现代科学的世界观是如何成为霸权主义，不仅关注我们所认为的真实，而且关注我们所认为的理性。所以可以说，杜威的计划旨在克服现代科学的霸权，这并不是为了否认现代科学的成就，而是为了拒绝这样一种观点：只有科学才能让我们接触到实在，因而只有科学才能为我们提供一个合理或理性的标准。

132

对杜威来说，问题的症结在于这样一个事实，即现代科学是通过早于现代科学的哲学范畴来解释的，例如知识的观念只与永恒和固定的东西有关：亚里士多德的"永恒"范畴，又如真理是"外面"世界的表象；亚里士多德的"知识论"范畴。在某种意义上，杜威的计划是为了探索会发生什么，如果不是通过前科学的哲学范畴来解释现代科学，而是按照它自己的术语来解释科学及其知识主张。正如我们所看到的，这一实践的结果恰恰是科学不能再声称自己是终极真理和终极理性的拥有者。虽然从表面上看，杜威的作品似乎在歌颂现代科学，但实际上它是对科学世界观对现代社会的影响进行了最根本的、最具战略性的批评。要记住这一点，不要以为杜威只是想给我们呈现另一种"哲学来终结所有的哲学"。

供讨论和进一步审思的五个问题

1. 是否有一个（隐含的或明确的）知识定义来引导你的研究？你怎么描述它？

2. 杜威认为知识是关于行为和后果之间的关系。你能用这种方式"解读"你自己的研究吗？

3. 根据杜威的观点，知识被建构的事实并不意味着它与现实没有联系。你能从你自己的研究中理解这一点吗？

4. 杜威将知识的问题从确定性领域转移到可能性领域。这对你自己的研究意味着什么？

5. 如果知识是关于行动和后果之间可能存在的联系，那么这对交流你的研究"发现"意味着什么？

/第八章 学术出版的政治经济学/

　　在本书的结尾以一章对学术出版的思考来结束似乎很合适。在正常情况下，或者说按照正统的方式，人们首先进行研究，一旦有了研究结果和结论，就会在适当的渠道发布结果，以便与感兴趣的受众分享，无论是与研究人员同行或更广泛的其他相关方，包括教育研究的政策制定者和实践者。从这个角度来看，人们可能只是感激有出版商愿意出版自己的作品，无论是在学术期刊上，还是作为书籍或书籍章节。然而，这样的观点忽视了学术出版已经成为一桩大生意。这不仅仅是指资金周转和利润获取，相当多的时候是来自学者们免费的工作，至少从学术出版商的角度来说是如此。这也是因为学术期刊和（在部分程度上）学术书籍本身已经成为强大的"演员"，学者们竞相将自己的作品发表在"高地位"的期刊上，常常忘记或不知道，一份期刊之所以能成为"高地位的"期刊，本身就是一桩大生意。本章对学术出版的这些方面作了一些说明，以证明期刊和书籍不是中立的渠道，而是研究事业的重要组成部分。

导论　魔法学徒综合征

在过去的十年中，学术出版已成为大生意。[①] 在相对较早的主题研究中，科佩（Cope）和卡拉茨（Kalantzis）（2009）将许多出版物的信息汇集在一起，对他们所称的"知识产业"的现状进行了如下揭示性的总结。

134

> 2004 年……西方世界的学术出版由十二家出版公司主导，它们的年销售额合计约为 650 亿美元，雇员人数约为 25 万。（Peters，2009）
>
> 2006 年，排名前十的 STM（科学、技术和医学）出版商占据了 161 亿美元（美国）期刊市场中 53% 的收入（Shreeves，2009）。高校将其预算的 0.5% 到 1.00% 用于期刊订阅（Phillips，2009）。摩根·士丹利（Morgan Stanley）报告说，学术期刊已成为过去 15 年中增长最快的媒体子行业（Morgan Stanley，2002）。对乌利希（Ulrich）期刊列表的分析显示，学术期刊的

[①]　在本章中，我将主要使用"学术"一词，而不是"科学家"和"科学"；部分是为了能够包括尽可能广泛的学术著作，也是为了不使用经常带有特定（正面或负面）含义的词。"学术"首先是一个社会范畴，即表示学术界的人（的工作）（当然，这就进一步提出了什么构成学术界的身份和边界的问题）。

数量从 2003 年的 39565 种增加到 2008 年的 61620 种；在这些期刊中，被引用的期刊数量从 2002 年的 17649 种增加到 2008 年的 23973 种。每本期刊的文章数量从 1972 年的每年 72 种增加到 1995 年的 123 种，并且从 1975 年到 2007 年，文章平均长度增加了 80%（Tenopir and King，2009）。全球约有 570 万人从事研发工作，每年平均发表一篇文章，每年阅读 97 篇文章。每年每名研发人员的平均发表率一直保持稳定，近几十年来发表的文章急剧增加是由于研发人员数量的增加（Mabe and Amin，2002），（Cope and Kalantizis，2009）。

出版商收购交易涉及的资金数额不仅显示了学术出版业的财务风险有多大，也充分显示了该行业的盈利能力。例如，英国私募股权集团康多富（Candover）和朱文（Cinven）于 2003 年以 6 亿欧元收购克鲁维尔学术出版社（Kluwer Academic Publishers），以 10 亿欧元收购贝塔斯曼·斯普林格（Bertelsmann Springer），创立了斯普林格科学与商业媒体（Springer Science and Business Media）。随后，他们于 2009 年将公司以 23 亿欧元的价格卖给了瑞典私募股权集团和新加坡的主权财富基金，在短短的六年内就获得了 7 亿欧元的利润。① 人们可能会争辩说，学术出版商给学术界和公众（即知识的"生产者"和"使用者"）提供了重要服务——这的确是他们所做的工作，这项服务的成本很高，尤其是当人们认为利润来自学术工作，而学术工作在很大程度上是由公共资金资助的。

如果知识产业就是这样的话，那么也许唯一关键的问题就是利润水平。但是，学者们不仅将自己的公开付费作品基本免费提供给商业出版商，而且随后还需要通过期刊订阅费或越来越多的出版费（称为"开放存取费"或"稿件处理费"）为获取这些作品付费。因此，学术出版商在学术写作的生产者和消费者之间扮演着中间人的角色。但与大多数其他经济活动领域的中间人不同，就学术出版而言，生产者和消费者在很大程度上是同一共同体的一部分（见 McGuigan & Russell 2008；另见 Wellcome Trust，2003）。

虽然有人可能会说，这也许是为建立一个高效的基础设施而付出的代价，这种基础设施不仅有助于促进全球学术界的交流，而且通过支持同行评议制度在保障学术出版质量方面发挥着重要作用（当然，这是对这形势的一种非常善意的解释），但正是这一基础设施也越来越多地被用于在学术出版领域创造差异。目前，这方面的主要参与者是汤森·路透（Thomson Reuters），该公司凭借其"科学

---

① http：//www. telegraph. co. uk/finance/newsbysector/banksandfinance/6790251/Candover-and-Cinven-sell-Springer-Science-and-Business-Media-to-EQT-and-GIC-in-2bn-deal. html，2019 年 2 月 28 日访问该网站。

网站"数据库和"知识网站"数据库以及"社会科学引文索引"等工具，对学术出版的动态产生了重大影响，并由此对学术工作本身的动态产生重大影响（例如，Craig & Ferguson，2009）。

许多国家都引入了这样一种制度，即鼓励甚至强制学者在这些索引所列的期刊上发表文章，在某些情况下，只在汤森·路透影响因子至少达到一定值的期刊上发表论文才作数。不仅个人的学术生涯越来越依赖于这种制度，例如，当晋升、终身教职或研究经费的决定是基于特定期刊或特定种类的期刊上发表的论文数量时，而且高等教育本身的经费也越来越依赖于这种制度，例如，公共科研经费与研究单位或大学在某类期刊上发表的论文数量有直接挂钩。①

因此，我们可以看到，最初作为支持学术活动的基础设施的东西，正越来越多地将其自身的"系统逻辑"强加给这项工作，从而创造出不正当的激励机制，有可能扭曲学术活动的本质和目的。② 我们可以将这些发展看作哈贝马斯（1985）所说的"理性"对生命世界

———————————

① 有趣但也令人担忧的是，这些发展往往出现在小国，它们希望模仿大国学术研究的"成功"，却没有真正了解这些国家的学术文化和实践。挪威、比利时或荷兰等国常常以英国为榜样；然而，有趣的是，在英国的国家研究评估活动中，自 20 世纪 90 年代初以来，一直以研究评估活动（Research Assessment Exercise，RAE）的名义进行，现在已经改名为卓越研究框架（Research Excellence Framework，REF），资助决定是基于同行对学术工作质量的判断，而不是数量。（在最近几轮 RAE 评审中，RAE 小组的判断依据是每位学者所提交的在六至七年内发表的四篇出版物；在最近的更新，即 REF 2021 中，改为每位学者在评估期内至少发表一篇，最多不超过五篇）。

② 这种扭曲与这些发展所引发的战略行为的形式有关——或许可以说是奖励。毕竟，如果个别学者发现自己的职业生涯、工作经费甚至整个机构的财政可持续性都完全取决于其学术成果的数量而非质量，那么他们的行动策略也就无可厚非了。

的殖民化的一个例子，而这些系统的建立正是为了减轻这些生命世界执行某些任务的负担。更生动形象一点，我建议称之为"魔法学徒综合征"，因为我们所看到的是，一个为协助学术活动而开发的系统已经脱离了我们的控制，并且正在越来越多地塑造和控制着学术活动本身。这种情况的矛盾之处在于，学术出版业显然是以竞争为导向的，但它同时也依赖于无私和合作的传统学术价值观来维持自身的发展。毕竟，如果没有学者愿意提供同行评议（而且在大多数情况下是免费提供的），整个学术出版的基础设施将迅速崩溃。

学术出版自由化？

有人将公司经营对学术出版的干扰视为主要问题，并认为只有学术自由才是唯一的出路。这种看法正在不断发展，这不仅体现在 *137*
开放存取期刊出版的指数级增长，还体现在学者和政策制定者之间关于学术出版未来的广泛讨论中。（例如，参见 Willinsky，2006；Peters，2007；OECD，2004；European Commission，2006[①]），以及最近开放科学思想的兴起（例如，参见 Nielsen，2011；Albgli，Maciel & Ab do，2015）。

虽然这些都是重大的发展，但我们不应天真地以为，将学术出

---

① 另见联合国信息社会世界首脑会议，http：//www.itu.int/net/wsis/docs/gene-va/official/dop.html，2019 年 8 月 6 日访问该网站。

版从商业出版商的控制中解放出来便会使其进入无利益区。尽管互联网深刻地改变了交流和传播的机会，但微软、谷歌和脸书（仅列举了该领域一些最大的盈利者）绝不比目前控制学术出版的大部分基础设施的全球公司更为无私。尽管指挥和控制的路线可能有所不同，但我们不应假定可以简单地将学术出版从其政治经济学中分离出来。这一点，或许在那些或多或少不为人知的设立开放存取期刊的商业公司快速增长中表现得最为明显。虽然这类公司往往站在道德的制高点，强调开放存取出版的优点，但他们的商业模式与传统学术出版大致相同，他们的最终目的是盈利，更有趣的是，他们的盈利方式是试图免费获得学术劳动和学术信誉。

在为当代学术出版陷入的困境寻找出路的过程中，不仅要有创造性、乐观和想象力（在此，我想对各种开放存取举措给予肯定，尽管它们并非没有问题，我将在下文指出）。同样重要的是，在我们开始寻找"答案"或"解决方案"之前，要反思我们所提出的问题，以及以特定方式提出问题和制定问题时的假设。如果我们把学术出版的作用问题表述为谁应该控制科学知识的生产和传播的问题，那么首先要问的是，从（生产）知识的角度我们是否足够理解学术活动。此外，还有一个问题，就是我们到底在讨论谁的知识，更具体地说，是学术界有可能失去对"他们的"知识的控制，还是有一个更深层次或更广泛的问题，即知识是否可以和应该首先由特定的个人和团体拥有——这最终是一个政治和民主问题。

认识论谬误：知识是"知识产业"的业务？

认为学术工作的本质是知识的生产和随后的传播，或者用更传统的术语来说，它是对真理的无私追求，这仍然是学者们倾向于告诉自己和他人（包括学生们）的最受欢迎的故事。此外，人们常常声称，学术工作产生的是一种特殊的知识，即一种与日常知识有很大差异甚至根本不同的知识。以下是这个故事的一个版本（摘自 Cope & Kalantzis，2009）：

> 学术或学术知识具有一些非凡的特征。它具有比普通的、日常的、常识性的或非专业的知识更大的专注力和智力力量，它依靠的是学科群体及其实践中的严谨和智慧积累。简言之，它需要一种偶然经验中不存在的系统性。胡塞尔（Husserl）将"生活世界"的经验与"科学"的"超验"区别开来。……用这些术语来说，"生活世界"就是日常的生活经验。学术和学术知识的"先验"与生活世界的常识相矛盾，相比之下，生活世界的常识性认识是相对无意识和无反思的。学术和学术知识致力于理解和创造世界意义，这些意义比日常的、无定形的生活世界的实用主义更广泛和深入。这些知识是系统的、有预谋的、有反思的、有目的的、有纪律的，并接受专家群体的审查。与生活世

界中的知识相比，科学是更专注、更艰苦的工作。

　　尽管在这一特定引文中，作者确实强调了日常认识与科学知识之间一定程度的连续性，并且与其他人关于科学的说法相比，两者之间的区别并不那么明显——尽管事实上，要为科学具有独特的"本质"这一观点找到令人信服的理由是非常困难的，假如这是可能的话（特别参见 Woolgar，1988），但他们似乎理所当然地认为，学术和学术工作的"业务"确实是知识的产生。但是，当我们实际考察科学家的工作，而不是我们认为他们的工作时，就会出现完全不同的景象，科技研究领域的许多出版物已经令人信服地表明了这一点，其中包括拉图尔和伍尔加（Woolgar）的里程碑式的研究《实验室生活》(*Laboratory Life*)(Latour and Woolgar，1979)。

　　在这本书中，拉图尔和伍尔加展示了科学家——这里特指加利福尼亚州萨尔克研究所（Salk Institute）的科学家——参与了许多不同的活动，例如产生书面和口头文字，技术和工艺，实践和协议，协作与竞争网络等。通过这些活动，在特定的时间点以及非常特定的过程[在《实验室生活》中，拉图尔和伍尔加将其描述为**社会**过程，但在后来的著作中，尤其是拉图尔 1987 年的《科学在行动》(*Science in Action*)中，明确地将分析与社会学的方法区分开来]，陈述就变成了事实，并通过拉图尔和伍尔加所说的"分裂与倒置"的过程，这些事实就成为了"世界"中某些对象或现象的代表。或者，正如他们以一种具有挑战性但又精确的方式所说的那样，"被认为成本太高而无法修改的一套陈述构成了所谓的现实"（Latour & Woolgar，1979，p. 243）。

如果把这些活动简单地归纳在"知识的产生"之下（通常假设有一个"外面"的世界等待着被发现、描述和解释），不仅使这些广泛的活动不为人知，而且还强化了对科学和学术工作的神话。当然，这并不是说科学和学术工作是虚构的——事实远非如此，但它是一种非常不同的实践，产生的产品和效果与科学作为知识生成的故事所暗示的完全不同。

从这个意义上说，对科学的认识论解释是一种歪曲和神秘化，在这方面实际上是相当无益的，无论是对那些接受这种活动产品的人来说，还是对那些从事这种工作的人来说，都是如此，因为他们的自我理解从根本上讲是认识论的。这也解释了为什么那么多学生，也许社会科学领域的学生比自然科学领域的学生更多，需要坐在那里听有关知识、现实等的长篇大论。因此，并不是说学术工作（无论是自然科学、社会科学还是人文科学）不产生任何东西，它产生的是事物（技术）、实践（协议、行事和行为方式）以及大量文本，它所产生的内容很难用"知识"一词来充分体现。

对于那些自称为科学家、研究人员或学者的所作所为的不同解释，为我们的讨论提出了两个相关的问题。我们可以看到，关于谁应该负责学术知识的生产和传播的问题，过多地依赖于认识论的解

140

释，或者我现在更愿意说是认识论的神秘化。拉图尔和伍尔加等作者的工作帮助我们看到，学术出版并不是"游离于"科学事实的产生和这些事实所对应的实在之外的东西，并不是说"工作"先完成了，之后再在学术期刊上报道，而是说，学术出版实际上是这个过程的一个组成部分，通过这个过程，某些陈述成为事实，而事实又代表着某些现实。（我也许应该再强调一次，把事实和实在说成是社会建构，并不是要把它们说成是虚构的，尽管这就是批评家经常理解/误解的关于社会建构的观念。）

后一种见解在拉图尔的《科学在行动》(Latour，1987)一书中尤为突出，他在书中指出，通过建立更长更强的网络——由相当异质的"元素"（包括事物和人）组成的网络，出现了不对称，从而增强了某些陈述、技术或实践的力量，并且以相同的方式削弱了其他陈述、技术和实践，以使在某些时候某些陈述成为事实和真理，某些技术成为必然。甚至在更一般的层面上，这样的陈述、技术和实践开始出现普遍性，因为它们无处不在并且能够在任何地方发挥作用。同样，重点不是要把科学技术虚构化。有些技术是可行的，有些陈述是有意义的。但是，技术是在特定条件下和特定目的下发挥作用的，就像陈述在特定上下文和特定目的下有意义一样。然而，通过将它们与一系列其他社会和物质元素联系起来，它们获得了更多的力量、地位和存在，并开始变得不可避免。因此，任何不同行为或发表不同意见的尝试不仅会自动被贴上"另类"的标签（例如，想想"另类"医学或"另类"学校），而且也总是处于弱势地位，因而，如果"另类"想要产生一些影响，则需要投资以延长和加强其自己的网络。

关于这一点的更多细节，我请读者参考拉图尔仍然极具吸引力的著作。学术出版作为网络建设过程中的一个要素出现，实际上可以大大加强和延长网络。这方面的加强与期刊的（被认为的）地位有很大关系（在这里我们认为汤森路透的工作的意义是让一些期刊的地位高于其他期刊）。而这里的延长与学术期刊的覆盖范围密切相关，而且覆盖范围越广，期刊出版物就越能增加特定不对称性的形成。这样一来，那些本身就是"地方性"的思想、见解、技术和实践，就开始显得普遍，最终无处不在。因此，用认识论的语言来说，就是真实的——仅仅是因为要建立一个足够大、足够强的网络来挑战另一个网络变得不可能。

在这方面，拉图尔确实为我们提供了对科学之所以特殊的理解。但是，特殊的并不是某种内在的认识论品质，而是与网络的强度和长度有关，这样，地方的东西就逐渐变得普遍。拉图尔特别强调的是科学将"社会"纳入其自身逻辑和实践的能力（Latour，1988），因而现代社会不应理解为科学知识应用于社会的结果，而应理解为将一系列地方实践和做事、看问题的方式纳入科学逻辑的结果。有趣的是，这种纳入在"硬性"和"技术"方面更为成功。例如，许多人的生活在各个层面上以各种方式被纳入逻辑和实践以及医学技术科学，而不是在更多元、更少涉及技术，在这方面更柔性的社会科学和人文学科方面。

理性危机

记录这些过程是一回事，然而，当我们以这种方式审视学术工作时，对什么才是可见的作出判断又是另一回事。这里有一点很重要，不对称的构建不仅在科学事实的层面上运作，它不仅仅是将某些陈述转化为事实，把另一些转化为信念。而且在更深或更高层次上，这样的过程也有助于明确表达什么是理性的和合理的；同样我们可以看到，当在常规与另类方面出现分歧时，关于理性和合理的主张往往起着至关重要的作用。正如我在上一章中已经简要提到的那样，什么"算作"理性，以及一些观念、思维方式、做事方式和看问题的方式如何成为"算作"理性的整个问题，在杜威更广泛的知识"计划"中起着重要的作用，如果我们仔细阅读他的著作的话。

毕竟有一种相当普遍的观点认为，杜威对现代科学推崇备至，普遍主张在生活的各个领域采用科学方法。正因为如此，有人指责杜威是"科学主义"，即认为自然科学对世界的说明就是全部。例如，马克斯·霍克海默在《理性的没落》(*Eclipse of Reason*)一书中指出，杜威的"对自然科学的崇拜"使他不可能对科学和更普遍的社会采取批判的立场(见 Horkheimer，1947，pp. 46-49)。尽管杜威非常清楚他对科学方法的重视，因为"作为一种知识形式，它的相对成熟非常明显地说明了实验的必要地位和功能"（Dewey，1939，p.12），但他同样清楚，对自然科学方法的欣赏"如果认为科学是唯一有效的知识种类，将会被曲解"（Dewey，1929，p.200）。杜威不仅拒绝了自然科学提供的知识是唯一有效的知识这一看法，而且还反对了更普遍的观点，即知识是我们与实在接触的唯一途径。如果杜威的作品中有一个反复出现的主题，那恰恰是他对知识是"衡量〔所有〕其他经验模式的实在的尺度"这一观点的否定（p.235）。

根据杜威的观点，将已知事物与真实事物相提并论的主要问题在于，它使人类生活的所有其他方面（如实践、美学、伦理或宗教方面），只有在它们能够被还原为通过我们的知识所揭示的东西并得到验证时，它们才是真实的。假设知识提供了真实的规范，那么人类生活的其他方面就被归入了主观领域：个人品位、观点、感觉和个人视角。正如杜威所说："当识别真实对象……与知识客体相联系时，所有的情感客体和意志客体都不可避免地被排除在'实在'世界之外，不得不在体验主体或心灵的私密处寻找避难所。"（Dewey，1925，p.30）杜威认为，对已知事物和真实事物的识别是现代哲学最根本的错误之一，并将这一错误称为"知识分子谬论"（Dewey，1929，p.175；另见1925，pp.28-30）。然而，对于杜威来说，这不仅是一个哲学问题，而是一个现代文化的核心问题，这也是杜威将其称为现代文化危机的原因（参见Dewey，1939）。从某种意义上说，杜威的作品可以理解为对这场危机的回应。

杜威认为，现代文化中的危机是现代科学对日常生活的瓦解作用的结果。现代科学完全改变了我们对生活世界的理解，它使我们把世界看成一种机制，是"一个无所不在的物理粒子，根据数学和机械定律起作用的场景"（Dewey，1929，p.33），结果，现代科学"剥夺了使世界变得美丽和适宜人类的品质"（p.33）。这种发展对日常生活世界的瓦解作用主要是由对科学世界观的解释方式造成的，即对实在的准确或"真实"的解释。正如我们已经看到的，这已经导致对日常经验世界的实在和非认知维度的实在的贬损。正如杜威写道：

> （这种对科学世界观的解释）的实际效果是创造了一种信念，即科学仅存在于与人类重大关切的事物之间最遥远的事物中，因此，在我们处理社会和道德问题与利益时，我们必须要么放弃对真正知识指导的希望，要么以牺牲所有的人性为代价获得科学头衔和权威。（Dewey，1939，p.51）

144　　换句话说，问题在于对现代科学的机械主义世界观的现实解释使我们陷入了一种两难的选择：现代科学的"非人性理性"或日常生活的"人性非理性"。杜威认为，这种困境是文化危机的核心，意味着这场危机首先应该理解为理性的危机。

杜威将文化危机与对现代科学的机械主义世界观的具体解释联系起来，不应被理解为暗示危机只是一个理论问题，因而与当代生活中紧迫的现实问题无关。杜威更想强调的是科学理性和科学世界观的霸权，即认为理性仅与科学的"硬事实"有关，而与价值观、道德、情感、情绪等无关，使得我们几乎不可能为这些问题找到适当的解决方案，因为理性仅限于事实和手段，而价值观和目的从定义上被排除在外。使这一切变得更加紧迫的是，现代生活在很大程度上是杜威所说的"科学在常识性世界中的体现"（Dewey，1938，p.81）的结果。毕竟，我们时刻面对着现代科学的产物和影响，特别是科技在我们生活中的无处不在，这似乎再一次地证明了它所依据的科学世界观的真实性。这就是为什么杜威宣称"日常经验的世界是一栋分裂的房屋"（Dewey，1938，p.84）。

认为科学为我们提供了通往"真实"实在的途径，杜威把这一点归结于他所说的"知识的旁观者理论"（Dewey，1929，p.19），这种知识的概念可以追溯到希腊哲学，知识是一个视觉问题的观点和真实知识是与固定和不变事物有关的思想（这就是亚里士多德的"永恒"观点）。杜威的关键见解是，现代实验科学的出现带来了两种选择：一种是用希腊的知识的旁观者理论来解释现代实验科学的成果，这的确是被采取的选择，所以人们认为新科学的见解为我们提供了关于世界的终极真理；另一种没有被采取的选择是，鉴于现代实验科学不是通过观察（杜威在其他地方称之为"柯达"世界图景）来产生结果，而是通过积极的干预，从旁观者的知识理论的角度来看，这个过程制造了问题，因为它给想要描绘的对象"带来了问题"。然而，杜威在自己的工作中追求的是第二种选择：使我们对知识的理解与现代科学的实验和干预方式相一致。这使他走向了一种认识论而不是知识论，并从行为与后果的关系来理解知识，而不是关于一个静态的"外面"世界的图景。正如我在上一章中所讨论的，这将知识从确定性的层面移到了可能性的领域，它揭示了所谓的"科学"知识不是某种特定质量的知识，例如比日常知识更真实的知识，而是通过特定的方式（实验）和特定的社会环境（例如大学、实验室等）产生的知识。

如上所述，杜威为我们提供了一种有效的批判，即科学为我们提供了一种特定的"种类"的知识，这些知识更加真实，因而不仅应对我们具有**认识论**的力量，而且还应具有规范的权力，这是杜威视为文化危机的核心，也就是说，我们应该适应这种知识，而不是控制它。因此，杜威最终要解决的问题是权力问题，也就是说，我们是让"科学"知识对我们具有控制权，还是收回并重新获得对科学知识的权利，并看到它的本质：在特定情况下可能有用，但并不比人类生活其他领域的东西更强大或更理性。

结语

我在本章开始提出了有关全球出版业对学术出版的影响的具体

问题，从这开始，我们最终提出了一个更大的议题，即我们的研究以何种方式和在何种程度上促进了不对称性的产生（例如在科学知识与日常知识之间，或者在那些"知道"的人与那些仅具有"观点"的人之间），或者它是否在打断和质疑这种不对称性中发挥作用。这也是为什么通过将学术出版从全球出版业手中解放出来，如果出现的替代品仍然是从事助长了不对称性的出版形式，助长了长短之分，助长了强弱网络的差异，这本身就不是真正的解放。尽管学术出版的问题并不是那么重要，但正如我试图证明的那样，它提出的更"大"问题是作为学者、社会和教育科学家的"我们"在多大程度上减少了思考和行动的选择，或者我们是否致力于思考和行动的多元化，从而促进知识生产和传播的民主化，这个问题对于旨在改善教育和扩大专业行动范围的研究来说，尤其具有相关性。

可以做些什么来朝这个方向发展？重要的一步是，我们开始向学生以及我们自己提供关于成为（学术）研究者意味着什么的不同解释，不是侧重于认识论和本体论，而是着重于政治和民主以及学术研究者的公共责任。同样，我们应该改进对进行研究时我们实际所做事情的说明，并且应该教育政策制定者、政治家、从业人员和广大公众，让他们了解研究工作的可能性和局限性，特别是消除对所谓的科学研究特殊性的误解。我们可以从强调科学不是一个认识论范畴，而是一个彻底的社会范畴开始。所有这一切的关键问题是，我们的目标是帮助加强和延长网络，以减少不同形式的行为和存在的机会，还是我们将工作定位于与此相对立的位置上，以便为行动和存在的民主多元化作出贡献？"民主"一词在这里当然至关重要，这样我们就不会忘记，并非每一次多元化，并非每一次"开放"都会自动带来民主自由和平等的实现。

学术出版是否可以在这些方面发挥作用？我认为是可以的，如果我们以政治性和负责任的方式处理出版本身的问题。但这在许多国家是一个巨大的挑战，也许这并不是因为全球出版业的特殊作用，而是因为有些人使用这种机制来规范学者的工作。

供讨论和进一步审思的五个问题

1. 出版在你的研究中扮演什么角色？你是否被要求发表？你可以发表吗？谁来决定？

2. 你认为研究人员应该为发表作品付费吗？为什么？或为什么不呢？

3. 你的研究会加强还是削弱特定的不对称性？是怎样起作用的？

4. 你如何看待教育研究者的结论或见解与教育从业者的观点之间的关系？

5. 你对学术研究与民主之间的关系有何看法？

后记：研究太多？

在第一章中，我提出了"最困难的问题"，这就是为什么我们实际上应该做研究的问题。这不是一般意义上最难的问题，但对研究人员来说，这是一个相当困难的问题，因为诚实地回答这个问题可能意味着一个人会停止研究，甚至不从事研究。在我看来，提出这个问题很重要，因为我们不能也不应该假设，对于我们在教育或其他领域遇到的每一个问题，研究是应对或解决问题的最合适的方式。与其假设研究是从研究问题的提出开始的——这是人们在《教育研究》导论中可能发现的正统观点之一，不如从确认问题开始，然后问研究是否是解决问题的最佳方式。有时候，这个问题的答案是"是"，在这种情况下，开始开发合适的研究设计是合理的；但有时候答案是"否"，在那种情况下，研究人员应该退出。

虽然这听起来很容易，但实际上可能很难做到。第一个原因是，我们生活在一个（有人可能仍然会说）对研究的积极力量有着强烈信念的时代。研究，特别是如果它前面有"科学"一词，通常仍然被认为是一种具有认知**和**规范能力的高级知识，因而这种知识应该凌驾于日常知识之上。虽然人们可能会期望研究人员以谨慎、周到和透明的方式开展工作——尽管我们也知道情况并非总是如此——但假设这产生的知识**在结构上**与日常知识不同是一种错觉。这最多是**逐渐**不同的，因而应始终谨慎对待。正如我之前所说，这并不是为了诋毁研究，而是为了使研究不比它本身更大或更重要，即使来自"外部"的期望是不同的——这对研究人员来说可能是一个相当诱人的期望。

第二个原因是，在某些情况下，很难承认研究没有任何价值，这与当代研究"事业"的规模有关。世界上许多大学都有众多学者在其中工作，而在过去，他们中的大部分人从事教学和学术工作可能已经足够了，但每个人都面临着越来越大的发表压力——"发表或出局"（publish or perish）这句话非常准确地描述了许多学者的工作情况。具有讽刺意味的是，创造研究的"需求"；也就是说，许多发现自己面临出版压力的学者需要他们可以进行研究的东西。这可能是教育研究领域的一个更大的问题，尤其是在教师教育已经成为大学一部分的国家，从而显著扩大了教育学术部门的"劳动力"。因此，研究的供给可能比需求更多，这也是为什么很难诚实地回答"最困难的问题"的另一个原因。

除了学术研究人员的潜在能力过剩外，教育领域的进一步发展可能会加剧这一问题，与其说是将教学转变为自反馈专业的推动，它将教师定位为研究的使用者，不如说是教师成为自己实践的研究者的趋势越来越明显。这一发展的一个方面实际上相当古老，其根源在于教育行动研究——一种由实践者在教育实践中进行的研究模式，旨在以系统的方式解决"本土的"问题。即使在这里，人们也需要注意研究只是参与实践的一种方式，只是解决实践中可能遇到的问题的一种方法，但行动研究中使用的方法过去和现在都普遍适用于教育实践的具体特点。然而最近，教师开始使用源自有效性研究的方法，特别是随机对照试验，以找出哪种特定的"干预"最"有效"。虽然将教学视为一种干预，并将学生的学习或考试成绩视为这种干预的效果听起来很诱人，但研究的"逻辑"和教学的"逻辑"大致相同的说法实际上是相当有问题的。

教学和研究之间的一个重要区别是研究的目的，以及前面章节中提出的所有附带条件是生成知识，而教学的目的是教育学生。此外，当一个人开始将教学重新定义为一种干预措施，这种干预措施应该对学生产生一定的影响时，首先就会忘记，学生不是一个人可以成功地、有效地或以其他方式干预的对象，而是一个主体：行动、思考和判断的人。更重要的是，教育的重点是提高学生的行动、思考和判断能力；换言之，教育的关键在于确保学生在某一时刻不再需要教育，而是能够过自己的生活，并且过得很好。这就是以教师研究为名潜入课堂的干预效应逻辑实际上正在扭曲教育的本质，这也许是我们不应该将教学和研究混为一谈的最重要原因，也不应该假设当教师成为自己实践的研究者时，他们会自动成为更好的教师。

最终，这是反对教育研究的论述吗？这是对我在这本书中试图做的事情的误读。我的目标是更精确地展示什么是研究，什么不是研究；我们可以从研究中合理地期待什么，以及哪里存在限制；它如何帮助改善教育，以及它在何处开始阻碍这种意图，因此，研究不一定或自动有益于教育实践。我希望这有助于初任教师**对**教育研究的正统观念形成一个看法，而不是简单地接受或不得不接受它们，认为它们是理解和开展教育、关于教育和为了教育研究的权利以及唯一途径。

致　谢

在写这本书时,我使用了以前出版过的文献。具体如下:

Biesta,G. J. J. （2015）. No paradigms,no fashions and no confessions:Why researchers need to be pragmatic（PP. 133-149）. In A. B. Reinertsen & A. M. Otterstad（Eds）,*Metode festival og Oyeblikksrealisme*. Bergen:Fagbokforluget;

Biesta,G. J. J. （2016）. Improving education through re-search? From effectiveness,causality and technology,to purpose,complexity and culture. *Policy Futures in Education* 14（2）,194-210;

Biesta,G. J. J. （2010）. Why 'what works' still won't work. From evidence-based education to value-based education. *Studies in Philosophy and Education* 29(5),491-503;

Biesta,G. J. J. （2013）. Knowledge,judgement and the curriculum: On the past, present and future of the idea of 'the practical'. *Journal of Curriculum Studies* 45(5), 684-696;

Biesta, G. J. J. (2011). Disciplines and theory in the academic study of education: A Comparative Analysis of the Anglo-american and Continental Construction of the Field. *Pedagogy, Culture and Society* 19(2), 175-192;

Biesta, G. J. J. (2017). Education, measurement and the professions: Reclaiming a space for democratic professionality in education. *Educational Philosophy and Theory* 49(4), 315-330;

Biesta, G. J. J. (2014). Pragmatising the curriculum. Bringing knowledge back in, but via pragmatism. *The Curriculum Journal* 25(1),29-49;

Biesta, G. J. J. (2012). Knowledge/Democracy. Notes on the political economy of academic publishing. *International Journal of Leadership in Education* 15(4),407-420.

我在此特别感谢原出版社给我机会使用这些资料。

参考文献

Achinstein, P. & Barker, S. E (1969). *The legacy of logical positi-vism*: *Studies in the philosophy of science.* Baltimore, MD: Johns Hopkins Press.

Albagli, S. , Maciel, M. L. & Abdo, A. H. (Eds.) (2015). *Open science*, *open issues.* Brasilia: IBICT; Rio de Janeiro: Unirio.

Alexander, R. (2004). Still no pedagogy? Principle, pragmatism and compliance in primary education. *Cambridge Journal of Education* 24(1), 7-34.

Aristotle (1980). *The Nichomachean ethics.* Translated with an introduction by David Ross. Oxfbrd/New York: Oxford University Press.

Ax, J. & Ponte, P (2010). Moral issues in educational praxis: A perspective from *pedagogiek* and *didactiek* as human sciences in continental Europe. *Pedagogy, Culture & Society* 18(1), 29-42.

Ayer, A. J. (1959). *Logical positivism.* Glencoe, IL: Free Press.

Bachelard, G. (1986 [1949]). *Le rationalisme applique.* Paris: Presses Universitaires de France.

Ball, S. (2003). The teachers soul and the terror of performativity. *Journal of Education Policy* 18(2), 215-228.

Benner, D. (2005). *Allgemeine Padagogik*, 5th edition. Weinheim/Munchen: Juventa.

Bernstein, RJ. (1983). *Beyond objectivism and relativism: Science, hermeneutics, and praxis*. Philadelphia: University of Pennsylvania Press.

Biesta, G. J. J. (2005). What can critical pedagogy learn from postmodernism? Further reflections on the impossible future of critical pedagogy. In I. Gur Ze'ev (Ed.), *Critical theory and critical pedagogy today: Toward a new critical language in education* (pp. 143-159). Haifa: University of Haifa Studies in Education.

Biesta, G. J. J. (2006). *Beyond learning: Democratic education for a human future*. Boulder, CO: Paradigm Publishers.

Biesta, G. J. J. (2007). Why 'what works' won't work: Evidence-based practice and the democratic deficit of educational research. *Educational Theory* 57(1), 1-22.

Biesta, G. J. J. (2009a). How to use pragmatism pragmatically: Suggestions for the 21st century. In A. G. Rud, J. Garrison & L. Stone (Eds.), *John Dewey at 150: Reflections for a new century* (pp. 30-39). Lafayette, IN: Purdue University Press.

Biesta, G. J. J. (2009b). Values and ideals in teachers' professional judgement. In S. Gewirtz, P. Mahony, I. Hextail & A. Cribb (Eds.), *Changing teacher professionalism* (pp. 184-193). London: Routledge.

Biesta, G. J. J. (2009c). Good education in an age of measurement: On the need to reconnect with the question of purpose in education. *Educational Assessment, Evaluation and Accountability* 21(1), 33-46.

Biesta, G. J. J. (2010a). A new 'logic' of emancipation: The methodology of Jacques Ranciere. *Educational Theory* 60(1), 39-59.

Biesta, G. J. J. (2010b). Pragmatism and the philosophical foundations of mixed methods research. In A. Tashakkori & C. Teddlie (Eds.), *Sage handbook of mixed methods in social and behavioral research*, 2nd edition (pp. 95-118). Thousand Oaks, CA: Sage.

Biesta, G. J. J. (2010c). Five these on complexity reduction and its politics. In D. C. Osberg & G. J. J. Biesta (Eds.), *Complexity theory and the politics of education* (pp. 5-14). Rotterdam: Sense Publishers.

Biesta, G. J. J. (2010d). Why 'what works' still won't work: From evidence-based education to value-based education. *Studies in Philosophy and Education* 29(5), 491-503.

Biesta, G. J. J. (2010e). Learner, student, speaker: Why it matters how we call those we teach. *Educational Philosophy and Theory* 42(4), 540-552.

Biesta, G. J. J. (2010f). *Good Education in an age of measurement: Ethics, politics, democracy*. Boulder, CO: Paradigm Publishers.

Biesta, G. J. J. (2010g). An alternative future for European educational research. *Zeitschrift für Padagogische Historiographic* 16(1), 105-107.

Biesta, G. J. J. (2011). Welches Wissen ist am meisten wert? Zur Veranderung des offentlichen Status von Wissenschaft und Wissen im Feld der Erziehung. In A. Schafer & C. Thompson (Eds.), *Wissen* (pp. 77-97). Paderborn: Schoningh Verlag.

Biesta, G. J. J. (2012). Giving teaching back to education. *Phenomenology and Practice* 6(2), 35-49.

Biesta, G. J. J. (2013a). Learning in public places: Civic learning for the 21st century. In G. J. J. Biesta, M. de Bie & D. Wildemeersch (Eds.), *Civic learning, democratic citizenship and the public sphere* (pp. 1-11). Dordrecht/Boston: Springer.

Biesta, G. J. J. (2013b). Interrupting the politics of learning. *Power and Education* 5(1), 4-15.

Biesta, G. J. J. (2017a). Dont be fooled by ignorant schoolmasters: On the role of the teacher in emancipatory education. *Policy Futures in Education* 15(1), 52-73.

Biesta, G. J. J. (2017b). *The rediscovery of teaching*. London/New York: Routledge.

Biesta, G. J. J., Allan, J. & Edwards, R. G. (2011). The theory question in research capacity building in education: Towards an agenda for research and practice. *British Journal of Educational Studies* 59(3), 225-239.

Biesta, G. J. J. & Burbules, N. (2003). *Pragmatism and educational research*. Lanham, MD: Rowman and Littlefield.

Biesta, Field, J., Hodkinson, P., Macleod, F. J. & Goodson, LF. (2011). *Improving learning through the lifecourse: Learning lives*. London/New York: Routledge.

Bingham, C. (2008). *Authority is relational*. Albany, NY: SUNY Press.

Bjorkman, J. W (1982). Professionalism in the welfare state: Sociological saviour or political pariah? *European Journal of Political Research* 10(4), 407-428.

Bloor, D. (1983). *Wittgenstein: A social theory of meaning*. London/New York: MacMillan.

Bogotch, I., Miron, L. & Biesta, G. (2007). 'Effective for what; Effective for whom?' Two questions SESI should not ignore. In T. Townsend (Ed.), *International handbook of school effectiveness and school improvement* (pp. 93-110). Dordrecht/ Boston: Springer.

Braunmuhl, E. von (1975). *Antipddagogik*. Weinheim: Juventa.

Bridges, D. (2006). The disciplines and discipline of educational research. *Journal of Philosophy of Education* 40(2), 259-272.

Brown, A. (2009). *Higher skills development at work: A commentary by the Teaching and Learning Research Programme*. London: ESRC/TLRP

Carr, D. (1992). Practical enquiry values and the problem of educational theory. *Oxford Review of Education* 18 (3), 241-251.

Carr，W（2006）. Education without theory. *British Journal of Educational Studies* 54(2)，136-159.

Carr，W & Kemmis，S. (1986). *Becoming critical*. London：Routledge.

Charlton，B. G. (2002). Audit，accountability，quality and all that：The growth of managerial technologies in UK Universities. In S. Prickett & P. Erskine-Hill (Eds.)，*Education*！*Education*！*Education*！*Managerial ethics and the law of unintended consequences* (pp. 13-28). Exeter：Imprint Academic.

Cope，W & Kalantzis，M. (2009). Signs of epistemic disruption：Transformations in the knowledge system of the academic journal. *First Monday* 14 (4). Available online at：http://firstmonday. org/htbin/cgiwrap/bin/ojs/ index. php/fm/rt/printer Friendly/2309/ 2163.

Cornish，F. & Gillespie，A. (2009). A pragmatist approach to the problem of knowledge in health psychology. *Journal of Health Psychology* 14(6)，800-809.

Coulter，D. & Wiens，J. (2002). Educational judgement：Linking the actor to the spectator. *Educational Research* 31(4)，15-25.

Craig，I. D. & Ferguson，L. (2009). Journals ranking and impact factors：How the performance of journals is measured. In B. Cope & A. Phillips (Eds.)，*The future of the academic journal* (pp. 159-194). Oxford：Chandos.

Dancy，J. (1985). *An introduction of contemporary epistemology*. Oxford：Basil Blackwell.

David，M. et al. (n. d.). *Effective learning and teaching in UK Higher Education：A commentary by the Teaching and Learning Research Programme*. London：ESRC/ TLRP.

Dewey，J. (1896). The reflex arc concept in psychology：In Jo Ann Boydston (Ed.)，*John Dewey：The early works* (1882－1898)，Volume 5（pp.

224-243). Carbondale and Edwardsville: Southern Illinois University Press.

Dewey, J. (1905). The postulate of immediate empiricism. In Jo Ann Boydston (Ed.), *John Dewey: The middle works* (1899—1924), Volume 3 (pp. 158-167). Carbondale and Edwardsville: Southern Illinois University Press.

Dewey, J. (1906). The experimental theory of knowledge. In Jo Ann Boydston (Ed.), *John Dewey: The middle works* (1899—1924), Volume 3 (pp. 107-127). Carbondale and Edwardsville: Southern Illinois University Press.

Dewey, J. (1907). The control of ideas by facts. In Jo Ann Boydston (Ed.), *John Dewey: The middle works* (1899—1924), Volume 4 (pp. 78-90). Carbondale and Edwardsville: Southern Illinois University Press.

Dewey, J. (1911). Epistemology. In Jo Ann Boydston (Ed.), *John Dewey: The middle works* (1899—1924), Volume 6 (pp. 440-442). Carbondale and Edwardsville: Southern Illinois University Press.

Dewey, J. (1916). Introduction to *Essays in experimental logic*. In Jo Ann Boydston (Ed.), *John Dewey: The middle works* (1899—1924), Volume 10 (pp. 320-369). Carbondale and Edwardsville: Southern Illinois University Press.

Dewey, J. (1920). *Reconstruction in philosophy*. In Jo Ann Boydston (Ed.), *John Dewey: The middle works* (1899—1924), Volume 12 (pp. 77-201). Carbondale and Edwardsville: Southern Illinois University Press.

Dewey, J. (1922). *Human nature and conduct*. In Jo Ann Boydston (Ed.), *John Dewey: The middle works* (1899—1924), Volume 14. Carbondale and Edwardsville: Southern Illinois University Press.

Dewey, J. (1925). *Experience and nature*. In Jo Ann Boydston (Ed.), *John Dewey: The later works* (1925—1953), Volume 1. Carbondale and Edwardsville: Southern Illinois University Press.

Dewey, J. (1929). *The quest for certainty*. In Jo Ann Boydston (Ed.), *John Dewey: The later works* (1925—1953), Volume 4. Carbondale and Edwardsville: Southern Illinois University Press.

Dewey, J. (1933). How we think: A restatement of the relation of reflective thinking to the educative process. In Jo Ann Boydston (Ed.), *John Dewey: The later works* (1925—1953), Volume 8 (pp. 105-352). Carbondale and Edwardsville: Southern Illinois University Press.

Dewey, J. (1938). Logic: The theory of inquiry. In Jo Ann Boydston (Ed.), *John Dewey: The later works* (1925—1953), Volume 12. Carbondale and Edwardsville: Southern Illinois' University Press.

Dewey, J. (1939). Experience, knowledge and value: A rejoinder. In Jo Ann Boydston (Ed.), *John Dewey: The later works* (1925—1953), Volume 14 (pp. 3-90). Carbondale and Edwardsville: Southern Illinois University Press.

Dewey, J. (1966[1916]). *Democracy and education*. New York: The Free Press.

Dunne, J. (1992). *Back to the rough ground*. Notre Dame, IN: University of Notre Dame Press.

Eagleton, T. (2007). *Ideology: An introduction*, New and updated edition. London/ New York: Verso.

European Commission. (2006). *Study on the economic and technical evolution of scientific publication markets in Europe*. Available online at: http:// ec. europa. eu/ research/science-society/pdf7sci entificpublication—study_ en. pdf.

Faulks, K. (1998). *Citizenship in modern Britain*. Edinburgh: Edinburgh University Press.

Feinberg, W (2001). Choice, autonomy, need-definition and educational re-form. *Studies in Philosophy and Education* 20(5), 402-409.

Fenstermacher, G. (1986). Philosophy of research on teaching: Three aspects. In M. C. Wittrock (Ed.), *Handbook of research on teaching* 3rd edition. Washington, DC: AERA.

Foucault, M. (1970). *The order of things: An archaeology of the human sciences*. New York: Pantheon Books.

Freidson, E. (1994). *Professionalism reborn: Theory, prophecy, and policy*. Chicago IL: University of Chicago Press.

Freire, P. (1970). *Pedagogy of the oppressed*. New York: Continuum.

Gettier, E. (1963). Is justified true belief knowledge? *Analysis* 23 (6), 121-123.

Gewirtz, S. (2001). *The managerial school: Post-welfarism and social justice in education*. London/New York: Routledge.

Gieryn, T. E (1983). Boundary-work and the demarcation of science from non-science: Strains and interests in professional ideologies of scientists. *American Sociological Review* 48, 781-795.

Gieryn, T. E (1999). *Cultural boundaries of science: Credibility on the line*. Chicago, IL: University of Chicago Press.

Goodson, I., Biesta, Tedder, M. & Adair, N. (2010). *Narrative learning*. London/ New York: Routledge.

Groothoff, H. -H. (1973). Theorie der Erziehung. In H. -H. Groothoff (Ed.), *Padagogik Fischer Lexikon* (pp. 72-79). Frankfurt am Main: Fischer Taschenbuch Verlag.

Guba, E. G. & Lincoln, YS. (1994). Competing paradigms in qualitative research. In N. Denzin &Y. Lincoln (Eds.), *Handbook of qualitative research* (pp. 105-117). Thousand Oaks, CA: SAGE.

Gundem, B. B. &. Hopmann, S. (Eds.) (1998). *Didaktik and/or curriculum. An international dialogue.* New York: Peter Lang.

Guyatt, G., Cairns, J., Churchill, D., et al, (1992). Evidence-based medicine. A new approach to teaching the practice of medicine. *JAMA* 268, 2420-2425.

Habermas, J. (1968). *Erkenntnis und Interesse.* Frankfurt am Main: Suhrkamp.

Habermas, J. (1970). *Zur Logik der Sozialwissenschaften.* Frankfurt am Main: Suhrkamp.

Habermas, J. (1971). *Knowledge and human interests.* Boston: Beacon Press.

Habermas, J. (1985). *The theory of communicative action. Volume* 1: *Reason and the rationalization of society.* Boston, MA: Beacon Press.

Habermas, J. (1990). *On the logic of the social sciences.* Cambridge, MA: MIT Press.

Hammersley, M. (2005). The myth of research-based practice: The critical case of educational inquiry. *International Journal of Social Research Methodology* 8(4), 317-330.

Hammersley, M. (2009). What is evidence for evidence-based practice? In R. St. Clair (Ed.), *Education science: Critical perspectives* (pp. 101-111). Rotterdam: Sense.

Hattie, J. (2008). *Visible learning: A synthesis of over* 800 *meta-analyses relating to achievement.* London/New York: Routledge.

Hellin, T. (2002). The physician-patient relationship: Recent developments and changes. *Haemophilia* 8, 450-454. doi: 10. 1046/j. 1365-2516. 2002. 00636. x.

Hickman, L. (1990). *John Dewey's pragmatic technology.* Bloomington, IN: Indiana University Press.

Hilvoorde, I. van. (2002). *Grenswachters van de pedagogiek*. Baarn: HB Uitgevers.

Hirst, P. H. (1966). Educational theory. In J. W Tibble (Ed.), *The study of education* (pp. 29-58). London: Routledge and Kegan Paul.

Hollis, M. (1994). *The philosophy of social science: An introduction*. Cambridge: Cambridge University Press.

Holmes, D., Murray, S. J., Perron, A. &Rail, G. (2006). Deconstructing the evidencebased discourse in health science: Truth, power and facism. *International Journal of Evidence Based Healthcare* 4(3), 160-186.

Horkheimer, M. (1947). *Eclipse of reason*. New York: Oxford University Press.

James, D. & Biesta, G. J. J, (2007). *Improving learning cultures in further education*. London: Routledge.

James, M. & Pollard, A. (2006). *Improving teaching and learning in schools: A commentary by the Teaching and Learning Research Programme*. London: ESRC/ TLRP.

James, M. & Pollard, A. (2012a). TLRPs ten principles for effective pedagogy: Rationale, development, evidence, argument and impact, *Research Papers in Education* 26(3), 275-328.

James, M. & Pollard, A. (2012b) Introduction,*Research Papers in Education* 26(3), 269-273.

James, W (1899). *Talks to teachers on psychology: And to students on some of life s ideals*. New York, NY: Henry Holt and Company.

Keiner, E. (2002). Education between academic discipline and profession in Germany after World War IL *European Educational Research Journal* 11 (1), 83-98.

Kessels, J. P. A. M. & Korthagen, F. A. J. (1996). The relationship between theory and practice: Back to the classics. *Educational Researcher* 25(3), 17-22.

König, E. (1975). *Theorie der Erziehungswissenschaft. Band* 1. Miinchen: Wilhelm Fink Verlag.

Kunneman, H. (1996). Normatieve professionaliteit: een appel. *Sociale Interventie* 3, 107-112.

Laing, R. D. (1960). *The divided self : An existential study in sanity and madness.* Harmondsworth: Penguin.

Laing, R. D. & Esterson, A. (1964). *Sanity, madness and the family.* London: Penguin Books.

Latour, B. (1983). Give me a laboratory and I will raise the world. In K. D. Knorr & M. Mulkay (Eds.), *Science observed* (pp. 141-170). London: Sage.

Latour, B. (1987). *Science in action : How to follow scientists and engineers through society.* Milton Keynes: Open University Press.

Latour, B. (1988). *The pasteurization of France.* Cambridge, MA: Harvard University Press.

Latour, B. (2005). *Reassembling the social : An introduction to actor-network-theory.* Oxford: Oxford University Press.

Latour, B. & Woolgar, S. (1979). *Laboratory life : The social construction of scientific facts.* Beverly Hills, CA: Sage.

Law, J. & J. Hassard (Eds.) (1999). *Actor network theory and after.* Oxford/Keele: Blackwell/The Sociological Review.

Lawn, M. & Furlong, J. (2007). The social organisation of education research in England. *European Educational Research Journal* 61(1), 55-70.

Lawn, M. & Furlong, J. (2009). The disciplines of education in the UK: Between the ghost and the shadow. *Oxford Review of Education* 35(5),

541-552.

Leaton Gray, S. (2007). Teacher as technician: Semi-professionalism after the 1988 Education Reform Act and its effect on conceptions of pupil identity. *Policy Futures in Education* 5(2), 194-203.

Levine, D. N. (2006). *Powers of the mind: The reinvention of liberal learning in America*. Chicago, IL: University of Chicago Press.

Manen, M. van (1977). Linking ways of knowing with ways of being practical. *Curriculum Inquiry* 6(3), 205-228.

McCulloch, G. (2002). Disciplines contributing to education? Educational studies and the disciplines. *British Journal of Educational Studies* 50(1), 100-110.

McGuigan, G. S. & Russell, R. D. (2008). The business of academic publishing: A strategic analysis of the academic journal publishing industry and its impact on the future of scholarly publishing. *Electronic Journal of Academic and Special Librarianship* 9(3). Available online at: http://southernlibrarianship. icaap. org/con tent/v09n03/mcguigan _ g01 . html (accessed 30 June 2012).

Meirieu, P. (2008). *Pedagogie: Le devoir de resister*, 2e edition. Issy-les-Moulineaux: ESF.

Mouffe, C. (2000). *The democratic paradox*. London/New York: Verso.

Nielsen, M. (2011). *Reinventing discovery: The new era of networked science*. Princeton, NJ: Princeton University Press.

Noordegraafi M. (2007). From pure to 'hybrid' professionalism: Present-day professionalism in ambiguous public domains. *Administration & Society* 39 (6), 761-785.

Noordegraafi M. & Abma, T. (2003). Management by measurement? Public management practices amidst ambiguity. *Public Administration* 81(4),

853-871.

Nozick, R. (1981). *Philosophical explanations*. Oxford: Oxford University Press.

O'Connor, D. J. (1957). *An introduction to the philosophy of education*. London: Routledge and Kegan Paul.

OECD, (2004). *Declaration on access to research data from public funding*. 30 January 2004, http://www.oecd.org.

Oelkers, J. (1993). Influenceand development: Two basic paradigms of education. *Studies in Philosophy and Education* 13(2), 91-109.

Oelkers,J. (2001). *Einfuhrung in die Theorie der Erziehung*. Weinheim & Basel: Beltz. O'Neill, O. (2002). *BBC Reith lectures* 2002: *A question of trust*. Retrieved from http://www.bbc.co.uk/radio4/reith2002.

Otto, H.-U., Polutta, A. & Ziegler, H. (2009). A second generation of evidencebased practice: Reflexive professionalism and causal impact in social work. In H.-. Otto, A. Polutta & H. Ziegler (Eds.), *Evidence-based practice: Modernising the knowledge-base of social work* (pp. 245-252). Opladen: Barbara Budrich.

Peters, M. A. (2007). *Knowledge economy: Development and the future of higher education*. Rotterdam: Sense.

Peters, R. S. (1963). Education as initiation. In P Gordon (Ed.), *The study of education*, Volume 1 (pp. 273-299). London: Woburn.

Peterson, P. (1979). Direct instruction? Effective for what and for whom? *Educational Leadership* 37(1), 46-48.

Phillips, A. (2009). Business models in journals publishing. In B. Cope & A. Phillips (Eds.), *The future of the academic journal*. Oxford: Chandos.

Pinar, W (Ed.) (1975). *Curriculum theorizing: The reconceptualists*. Berkeley CA: McCutchan.

Pinar, W (1999). Introduction: A farewell and a celebration. In WF. Pinar (Ed.), *Contemporary curriculum discourses* (pp. xi-xx). New York: Peter Lang.

Pinar, WE, Reynolds, WM. , Slattery, P. & Taubman, P. M. (1995). *Understanding curriculum*. New York: Peter Lang.

Pollard, A. & Oancea, A. (2010). *Unlocking learning? Towards evidence-informed policy and practice in education*. Report of the UK Strategic Forum for Research in Education, 2008—2010. London: SFRE.

Prenzel, M. (2009). Challenges facing the educational system. In *Vital questions: The contribution of European social science* (pp. 30-33). Strasbourg: European Science Foundation.

Priestley, M. & Biesta, G. J. J. (Eds.) (2013). *Reinventing the curriculum: New trends in curriculum policy and practice*. London: Bloomsbury.

Priestley, M. , Biesta, G. J. J. & Robinson, S. (2015). *Teacher agency: An ecological approach*. London: Bloomsbury.

Rasmussen, J. (2010). Increasing complexity by reducing complexity: A Luhmannian approach to learning. In D. C. Osberg & G. J. J. Biesta (Eds.), *Complexity theory and the politics of education* (pp. 15-24). Rotterdam: Sense Publishers.

Reid, WA. (1999). *Curriculum as institution and practice: Essays in the deliberative tradition*. Mahwah, NJ and London: Lawrence Erlbaum.

Rorty, R. (1979). *Philosophy and the mirror of nature*. Princeton, NJ: Princeton University Press.

Schwab, J. (2004). The practical: A language for curriculum. In D. J. Flinders & S. J. Thornton (Eds.), *The curriculum studies reader*, 2nd edition (pp. 103-117). New York: Routledge.

Schwab, J. J. (1969). The practical: A language for curriculum. *The School

Review 78(1),1-23.

Schwab, J. J. (1971). The practical: Arts of eclectic. *The School Review* 79 (4), 493-542.

Schwab, J. J. (1973). The practical 3: Translation into curriculum. *The School Review* 81(4),501-522.

Schwab, JJ. (1983). The practical 4: Something for curriculum professors to do. *Curriculum Inquiry* 13(3), 239-265.

Shreeves, S. L. (2009). Cannot predict now: The role of repositories in the future of the journal. In B. Cope & A. Phillips (Eds.), *The future of the academic journal* (pp. 197-212). Oxford: Chandos.

Simon, B. (1981). Why no pedagogy in England? In B. Simon & W. Taylor (Eds.), *Education in the eighties: The central issues*. London: Batsfbrd.

Slavin, R. (2002). Evidence-based educational policies: Transforming educational practice and research. *Educational Researcher* 31(7), 15-21.

Sleeper, R. W (1986). *The necessity of pragmatism: John Dewey's conception of philosophy*. New Haven, CT: Yale University Press.

Smeyers, P. & Depaepe, M. (Eds.) (2006). *Educational research: Why what works' doesn't work*. Dordrecht: Springer.

Smith, R. (2006). Technical difficulties: The workings of practical judgement. In P. Smeyers & M. Depaepe (Eds.), *Educational research: Why 'what works doesnt work* (pp. 159-170). Dordrecht: Springer.

St. Clair, R. (Ed.) (2009). *Education science: Critical perspectives*. Rotterdam: Sense.

Stanley Morgan (2002). *Scientific publishing: Knowledge is power*. London: Morgan Stanley Equity Research Europe. Available online at: http:// www. econ. ucsb. edu/ ~ tedb/Journals/morganstanley. pdf (accessed 16 March 2009).

Stenhouse, L. (1975). *An introduction to curriculum research and development*. London: Heinemann.

Tashakkori, A. & Teddlie, C. (Eds.) (2010). *Sage handbook of mixed methods in social and behavioral research*, 2nd edition. Thousand Oaks, CA: Sage.

Thomas, G. & Pring, R. (Eds.) (2004). *Evidence-based practice in education*. Milton Keynes: Open University Press.

Tibble, J. W (Ed.) (1966a). *The study of education*. London: Routledge and Kegan Paul.

Tibble, J. W (1966b). Introduction. In J. W. Tibble (Ed.), *The study of education* (pp. vii-x). London: Routledge and Kegan Paul.

Tibble, J. W (1966c). The development of the study of education. In J. W Tibble (Ed.), *The study of education* (pp. 1-28). London: Routledge and Kegan Paul.

Tibble, J. W (Ed.) (1971a). *An introduction to the study of education*. London: Routledge and Kegan Paul.

Tibble, J. W (1971b). The development of the study of education. In J. W Tibble (Ed.), *An introduction to the study of education* (pp. 5-17). London: Routledge and Kegan Paul.

Townsend, T. (Ed.) (2007). *International handbook of school effectiveness and school improvement*. Dordrecht/Boston: Springer.

Trapp, E. C. (1778). *Von der Beförderung der wirksamen Erkenntnifi*. Itzehoe: Muller.

Trapp, E. C. (1779). *Von der Nothwendigkeit, Erziehen und Unterrichten als eine eigene Kunst zu studieren*. Antrittsvorlesung Universitat Halle. Halle: J. C. Hendel.

Vries, G. H. de (1990). *De ontwikkeling van Wetenschap*. [*The develop-ment of science.*] Groningen: Wolters-Noordhoff.

Weiss, C. H. , Murphy-Graham, E. , Petrosino, A. & Gandhi, A. G. (2008). The fairy godmother — and her warts: Making the dream of evidence-based policy come true. *American Journal of Evaluation* 29(1), 29-47.

Wellcome Trust, (2003). *Economic analysis of scientific research publishing*.

Cambridge: The Wellcome Trust. Available online at: http://www. wellcome. ac. uk/ doc_WTD003181. html.

Westbury, I. (2007). Theory and theorizing in curriculum studies. In E. Forsberg (Ed.), *Curriculum theory revisited* (pp. 1-19). Uppsala: Uppsala University.

Westbury, I. & Wilkof, N. (Eds.) (1978). *Science, curriculum, and liberal education: Selected essays*. Chicago: The University of Chicago Press.

Willinsky, J. (2006). *The access principle: The case for open research and scholarship*. Cambridge, MA: MIT Press.

Wiseman, A. W (2010). The uses of evidence for educational policymaking: Global contexts and international trends. *Review of Research in Education* 34(1), 1-24.

Woolgar, S. (1988). *Science, the very idea*. Chichester: Tavistock Books.

Wulf, Chr. (1978). *Theorien und Konzepte der Erziehungswissenschaft*. Miinchen: Juventa.

索 引 *

absolutism 绝对主义 120

academic discipline 学科 4，78，81，86，93—95

academic journals 学术期刊 133—136，140—141

academic publishing 学术发表 5，133—138，140—141，145—146

accountability 问责制 101，104，107—108

actions and consequences 行动与后果 4，43，53，56，59—60，62，67，69，72，74，122，126，128，130—131

actor-network theory（ANT)行动者—网络理论 11

Alexander，Robin 亚历山大，罗宾 28

alternative medicine 替代医学 59，104，141

Anglo-American configuration of educational studies 英美教育研究构造 77—84，78 n. l，86，93，95—97

anthropology 人类学 8

anti-education movement 反教育运动 104

anti-Padagogik 反教育学的 104

application deficit 应用缺陷 47，49，59

Aristotle 亚里士多德 12，63，67—68，70，75，109，132，144

assessment 评估 37—38，41，42

authority 权威 103，113，115—117，143

autonomy 自主性 29，33，89，92—93，95，103

Bachelard，Gaston 加斯东·巴什拉 13

Bell，Andrew 安德鲁·贝尔 81

Bernstein，Richard 理查德·伯恩斯坦

---

* 本索引的每个条目后所附数码为原文页码，即中文版边码。

译后记

　　作为当今国际教育学界"最具深沉思想的教育思想家"，同时也是当代西方教育哲学和理论界的领军人物之一，格特·比斯塔的教育思想深邃博大，且有深切的现实关怀性。作为一名青年教育学者，能翻译比斯塔这本书，机会难得。翻译国外教育名家的最新理论力作，有利于在国内传播最新的教育理论思想，让我们"站在巨人的肩膀上"审视教育研究，从而进一步丰富新时代我国教育研究的理论体系、学术体系和话语体系。我国比较教育学者彭正梅曾言，翻译是一种最好的学习方式。所言甚是！翻译比斯塔著作的过程，也是我不断深入学习、感悟比斯塔教育思想的一段绝佳"旅程"。

　　自从 2020 年以来，我便与比斯塔在不同的学术时空中"相遇"了。其一，从 2020 年开始，我细致阅读了比斯塔关于教育研究的多本英文著作，如《测量时代的好教育：伦理、政治与民主的维度》《教育的美丽风险》《重新发现教学》《超越人本主义教育：与他者共存《实用主义和教育研究》《教师能动性：一种生态学的取径》等。比斯塔的这些代表性学术著作，不仅思想深刻，具有理论原创性，而且英文文笔优美流畅，具有极强的可读性。我仍清晰地记得，在上海时，每天晚上我阅读比斯塔著作所带来的充实感。这种阅读的"高峰"体验，就像与作者在"对话"一样，余音不断在我的心田之中回响。

其二，比斯塔的著作与论文也拓展了我的学术研究领域。近年来，我认真阅读了比斯塔的一些"高被引"学术论文，这些论文对当前世界范围内备受推崇的测量文化、循证实践、官僚问责制、"学习化"、教育目的的失衡、教育伦理、政治与民主的关系等议题进行了条分缕析的深入剖析。比斯塔所开辟的崭新的理论视角与分析路向，也扩展了我的研究领域。在给博士生开设的一门英文学术论文写作课程中，我将比斯塔关于教育目的的资格化、社会化和主体化三个领域的分析融入教学内容中，给学生提供了新的理论分析框架。在研读《教育研究》这本书的英文版后，我于 2021 年在国际比较教育学知名 SSCI 学术期刊《比较》上发表了一篇关于这本书的英文述评，系统综述了这本书的学术观点，并就某些教育研究议题提出了自己的观点。

2022 年，比斯塔接受了我的学术访谈，并就"学习化时代的多重教育目标及对未来教育改革路向的反思"为主题，深入细致畅谈了他的诸多思考。2023 年，我在国内知名 CSSCI 期刊《全球教育展望》上，发表了题为《学习化时代的多重教育目标及对教育改革的反思——与国际教育学者格特·比斯塔（Gert Biesta）的对话与反思》一文，进一步引介了比斯塔的学术思想。2023 年初，我通过美国 Rowman & Littlefield 出版社，出版了我的英文著作 *Understanding the Dynamics of Teacher Agency Resilience and identity in the Neoliberal Age*。比斯塔为本书撰写了序言。在长时间的学术交流中，比斯塔的学术思想不断融入我的学术"血液"中，不仅开阔了我的学术视野，也给我提供了丰富的学术"养料"，让我学术研究的"骨骼"更加"健壮"。我想这就是学术交流与合作上美好的"双向奔赴"吧。

其三，比斯塔这本关于"非正统"视角下教育研究的专著，阐释了作者近年来颇多新的理论探索，对于我们反思不同社会文化背景下教育研究的传统理路、功能效用与未来路径等，都具有参考借鉴价值。作为一名高产的学者，比斯塔几乎每年都会发表多篇学术论文、著作章节或学术专著。因此，他的教育学术思想也一直处于不断地嬗变中。在本书中，比斯塔认为，仅仅追求教育研究的效用，或者追问"什么有效"是不够的。现在被一些教育研究组织奉为圭臬的"循证实践"给教育带来了三方面的"后民主扭曲"：将委托人、患者以及学生定义为客户；将民主的问责制概念转变为技术－管理概念；将专业知识转变为"证据"。针对新自由主义教育治理体系所带来的"扭曲"，比斯塔提醒我们：要抵制技术式的专业主义观念，恢复教育的民主空间，拒绝将教师的角色矮化为只是执行和实施预定教育程序的技术员。比斯塔的这些精辟见解发人深省，有利于我们对当前测量文化对教育民主潜力的侵蚀作出有力而合理的反击。

其四，比斯塔在这本书中对不同流派的教育传统，经验、现实与知识之间的关系，学术出版政治经济学等领域进行了别具一格的探索。自教育学诞生以降，围绕教育的本质是一门科学还是艺术、教育的目的是什么与为了什么、教育实践的构成、教育研究的传统与分野等，都成为国内外教育学界长久以来不断争论的议题。在上述问题的背景下，比斯塔系统总结了欧陆与北美教育研究的传统与构造，这对我们学习借鉴每种研究范式的优点，提供了可行的路径。比斯塔发现，为了获得科学界所公认的"严格"标准，教育实践者与政策制定者往往希望采用基于"大规模随机对照试验"的循证专业实践。但在比斯塔看来，循证实践存在知识缺陷、功效缺陷和应用缺陷。比斯塔清醒地认识到，教育不应过分强调"变量"和"结果"之间的因果关系，教育实质上是一个开放的、符号化的、自反馈的系统。教育总是通过"意义""解释""自反馈"等方式，而不是以"线性""因果""确定性"等方式发挥作用。

关于教育研究的传统与性质，早在美国教育史学家埃伦·康德利夫·拉格曼的经典著作《一门捉摸不定的科学：困扰不断的教育研究的历史》中就已经有了深刻的论述。比斯塔探讨上述问题的背景是知识经济时代教育测量与循证实践纵深发展、加速跃进的时代。为了促进教育实践的发展，比斯塔重申了美国课程论学者施瓦布所倡导的"审议"传统。在教育研究的知识论方面，比斯塔质疑传统的知识客观主义与相对主义，提倡杜威的交互性实用主义哲学观。比斯塔还从学术出版政治经济学的视角，审视了学术出版自由化、知识产业等前沿议题，对学术研究与民主之间的关系进行了前瞻性探讨，进一步扩展了我们对当今教育研究角色的认识。

虽然比斯塔审视教育问题的切入点往往是从西方开始，但是他的思考方式与学术脉络与我国的教育研究有着内在的关联性。一个典型的例子是我国目前正在提倡循证教育研究与决策，但是我们不应忽视教育中的"价值"与"不确定性"等问题。如何加强教育中"目标"与"实践"之间的联系，消弭技术理性、测量与督导文化的侵蚀，恢复专业主义的民主空间，是当下我们教育研究所面临的一系列重大而紧迫的议题。因此，比斯塔的这本学术专著，对我们进一步思考教育研究的角色与功用，应对测量与问责文化对教育所带来的冲击，完善教育研究设计、研究方法和实践进路均有所裨益。

在翻译本书的过程中，我与浙江大学教育学院赵康老师进行了多次交流与沟通，最初译稿也得到了赵老师的细致反馈，并就书中的多处内容进行了商榷。同时，在这本书的翻译过程中，北京师范大学出版社周益群老师倾注了大量心血，从书稿内容完善、题目商定到文字校正、封面设计等，她做了大量细致的工作。最后，我在华东师范大学国际与比较教育研究所指导的研究生李玉娟、韩敬柳、王语婷、史可媛也参与到了本书的校正工作中来，在此一并致以感谢！

祝刚

2023 年 3 月 26 日于丽娃河畔

© Gert Biesta, 2020

This translation of Educational Research is published by arrangement with Bloomsbury Publishing Plc.

图书在版编目(CIP)数据

教育研究：一种非正统的导论/(荷)格特·比斯塔著；祝刚译. —北京：北京师范大学出版社，2023.7
（教育经典译丛/张华主编）
ISBN 978-7-303-28855-7

I. ①教…　II. ①格…　②祝…　III. ①教育研究　IV. ①G40-03

中国国家版本馆 CIP 数据核字（2023）第 029275 号

北京市版权局著作权合同登记号：图字 01-2023-2730

图　书　意　见　反　馈	gaozhifk@bnupg.com　010-58805079
营　销　中　心　电　话	010-58807651
北师大出版社高等教育分社微信公众号	新外大街拾玖号

JIAOYU YANJIU:FEIZHENGTONG DE DAOLUN

出版发行：北京师范大学出版社　www.bnupg.com
　　　　　北京市西城区新街口外大街 12-3 号
　　　　　邮政编码：100088
印　　刷：北京盛通印刷股份有限公司
经　　销：全国新华书店
开　　本：890 mm×1240 mm　1/32
印　　张：7.25
字　　数：150 千字
版　　次：2023 年 7 月第 1 版
印　　次：2023 年 7 月第 1 次印刷
定　　价：62.00 元

策划编辑：周益群　　　　　　责任编辑：林山水
美术编辑：李向昕　　　　　　装帧设计：李向昕
责任校对：段立超　王志远　　责任印制：马　洁

版权所有　侵权必究
反盗版、侵权举报电话：010-58800697
北京读者服务部电话：010-58808104
外埠邮购电话：010-58808083
本书如有印装质量问题，请与印制管理部联系调换。
印制管理部电话：010-58805079